Torfə

вф

ꓶ.8. ꓒɪəꝒꓶ

Torqʃə

This work is in the public domain.

All rights reserved.

The text was set using LuaLaTeX. The typeface is a modified version of Baskerville by Apple Inc.

ISBN-13: 978-1-4583-0357-8

The Deseret Alphabet

𐐀 𐐀 . . . . b<u>ee</u>t	𐐆 𐐆 . . . . <u>t</u>ea
𐐁 𐐁 . . . . b<u>ai</u>t	𐐔 d . . . . <u>D</u>eseret
𐐂 𐐂 . . . . c<u>o</u>t	𐐕 𐐕 . . . . <u>ch</u>eer
𐐃 𐐃 . . . . c<u>augh</u>t	𐐖 𐐖 . . . . <u>J</u>oshua
𐐄 𐐄 . . . . c<u>oa</u>t	𐐗 𐐗 . . . . <u>k</u>ey
𐐅 𐐅 . . . . c<u>oo</u>t	𐐘 𐐘 . . . . <u>g</u>ag
𐐆 𐐆 . . . . k<u>i</u>t	𐐙 𐐙 . . . . <u>f</u>ee
𐐇 𐐇 . . . . b<u>e</u>t	𐐚 𐐚 . . . . <u>v</u>ital
𐐈 𐐈 . . . . c<u>a</u>t	𐐛 𐐛 . . . . <u>th</u>in
𐐉 𐐉 . . . . B<u>o</u>ston	𐐜 𐐜 . . . . <u>th</u>en
𐐊 𐐊 . . . . c<u>u</u>t	𐐝 𐐝 . . . . <u>s</u>ee
𐐋 𐐋 . . . . b<u>oo</u>k	𐐞 𐐞 . . . . <u>z</u>oo
𐐌 𐐌 . . . . <u>i</u>ce	𐐟 𐐟 . . . . fi<u>sh</u>
𐐍 𐐍 . . . . c<u>ow</u>	𐐠 𐐠 . . . . mea<u>s</u>ure
𐐎 𐐎 . . . . <u>w</u>alk	𐐡 𐐡 . . . . <u>r</u>at
𐐏 𐐏 . . . . <u>y</u>es	𐐢 𐐢 . . . . <u>l</u>ake
𐐐 𐐐 . . . . <u>h</u>it	𐐣 𐐣 . . . . <u>M</u>ary
𐐑 𐐑 . . . . <u>p</u>ea	𐐤 𐐤 . . . . <u>n</u>ice
𐐒 𐐒 . . . . <u>b</u>ee	𐐥 𐐥 . . . . si<u>ng</u>

For more information see
http://www.deseretalphabet.info/About.html

Contents

1. The Love Song of J. Alfred Prufrock 1
2. Portrait of a Lady 6
3. Preludes 10
4. Rhapsody on a Windy Night 12
5. Morning at the Window 14
6. The "Boston Evening Transcript" 14
7. Aunt Helen 15
8. Cousin Nancy 15
9. Mr. Apollinax 16
10. Hysteria 17
11. Conversation Galante 17
12. La Figlia Che Piange 18
13. Gerontion 19
14. Burbank with a Baedeker: Bleistein with a Cigar 22
15. Sweeney Erect 23
16. A Cooking Egg 25
17. Le Directeur 26
18. Mélange adultère de tout 27
19. Lune de Miel 27
20. The Hippopotamus 28

21	Dans le Restaurant	30
22	Ψωιѕтгфϭ гϭ ꬺᴐϕᴉⱱᴉꞁꝽ	31
23	Ͻϕ. ꓶᴉәᴦᴉ'ѕ ȣᴙᴅε ϽөϕꞍи ȣᴦϕϭіѕ	32
24	ȣωәꞍә Pᴐᴙи ɣ ꞋϕꞁꞍώεꞁә	33
25	Ɣ ѡεѳꞁ ꓡꞍ'd	35
26	Ꞌоꞁѳ оꞍ "Ɣ ѡεѳꞁ ꓡꞍ'd"	49

The Love Song of J. Alfred Prufrock

> S'io credesse che mia risposta fosse
> A persona che mai tornasse al mondo,
> Questa fiamma staria senza piu scosse.
> Ma perciocche giammai di questo fondo
> 5 Non torno vivo alcun, s'i'odo il vero,
> Senza tema d'infamia ti rispondo.

𐐜𐐯𐑉 𐐶𐐮𐑊 𐐺 𐐻𐐴𐑋, 𐑄𐐯𐑉 𐐶𐐮𐑊 𐐺 𐐻𐐴𐑋
𐐓𐐭 𐐹𐑉𐐲𐐹𐐯𐑉 𐐪 𐑁𐐩𐑅 𐐻𐐭 𐑋𐐨𐐻 𐑄 𐑁𐐩𐑅𐐲𐑆 𐑄𐐰𐐻 𐐷𐐭 𐑋𐐨𐐻;
𐐜𐐯𐑉 𐐶𐐮𐑊 𐐺 𐐻𐐴𐑋 𐐻𐐭 𐑋𐐲𐑉𐐼𐐲𐑉 𐐰𐑌𐐼 𐐿𐑉𐐨𐐩𐐻,
𐐈𐑌𐐼 𐐻𐐴𐑋 𐑁𐐫𐑉 𐐫𐑊 𐑄 𐐶𐐲𐑉𐐿𐑅 𐐰𐑌𐐼 𐐼𐐩𐑆 𐐲𐑂 𐐸𐐰𐑌𐐼𐑆
𐐜𐐰𐐻 𐑊𐐮𐑁𐐻 𐐰𐑌𐐼 𐐼𐑉𐐫𐐹 𐐪 𐐿𐐶𐐯𐑅𐐽𐐲𐑌 𐐫𐑌 𐐷𐐫𐑉 𐐹𐑊𐐩𐐻;
𐐓𐐴𐑋 𐑁𐐫𐑉 𐐷𐐭 𐐰𐑌𐐼 𐐻𐐴𐑋 𐑁𐐫𐑉 𐑋𐐨,
𐐈𐑌𐐼 𐐻𐐴𐑋 𐐷𐐯𐐻 𐑁𐐫𐑉 𐐪 𐐸𐐲𐑌𐐼𐑉𐐲𐐼 𐐮𐑌𐐼𐐲𐑅𐐮𐑈𐐲𐑌𐑆,
𐐈𐑌𐐼 𐑁𐐫𐑉 𐐪 𐐸𐐲𐑌𐐼𐑉𐐲𐐼 𐑂𐐮𐑈𐐲𐑌𐑆 𐐰𐑌𐐼 𐑉𐐲𐑂𐐮𐑈𐐲𐑌𐑆,
𐐒𐐲𐑁𐐫𐑉 𐑄 𐐻𐐩𐐿𐐮𐑍 𐐲𐑂 𐐪 𐐻𐐬𐑅𐐻 𐐰𐑌𐐼 𐐻.

𐐆𐑌 𐑄 𐑉𐐭𐑋 𐑄 𐐶𐐮𐑋𐐲𐑌 𐐿𐐲𐑋 𐐰𐑌𐐼 𐑀𐐬
𐐓𐐫𐐿𐐮𐑍 𐐲𐑂 𐐣𐐴𐐿𐐲𐑊𐐰𐑌𐐾𐐲𐑊𐐬.

𐐈𐑌𐐼 𐐮𐑌𐐼𐐨𐐼 𐑄𐐯𐑉 𐐶𐐮𐑊 𐐺 𐐻𐐴𐑋
𐐓𐐭 𐐶𐐲𐑌𐐼𐐲𐑉, “𐐔𐐭 𐐌 𐐼𐐯𐑉?” 𐐰𐑌𐐼, “𐐔𐐭 𐐌 𐐼𐐯𐑉?”
𐐓𐐴𐑋 𐐻𐐭 𐐻𐐲𐑉𐑌 𐐺𐐰𐐿 𐐰𐑌𐐼 𐐼𐐲𐑅𐐯𐑌𐐼 𐑄 𐑅𐐻𐐯𐑉,
𐐎𐐮𐑄 𐐪 𐐺𐐫𐑊𐐼 𐑅𐐹𐐪𐐻 𐐮𐑌 𐑄 𐑋𐐮𐐼𐐲𐑊 𐐲𐑂 𐑋𐐴 𐐸𐐯𐑉—
(𐐜𐐩 𐐶𐐮𐑊 𐑅𐐩: “𐐐𐐵 𐐸𐐮𐑆 𐐸𐐯𐑉 𐐮𐑆 𐑀𐑉𐐬𐐮𐑍 𐑃𐐮𐑌!”)
𐐣𐐴 𐑋𐐫𐑉𐑌𐐮𐑍 𐐿𐐬𐐻, 𐑋𐐴 𐐿𐐪𐑊𐐲𐑉 𐑋𐐵𐑌𐐻𐐮𐑍 𐑁𐐲𐑉𐑋𐑊𐐨 𐐻𐐭 𐑄 𐐽𐐮𐑌,
𐐣𐐴 𐑌𐐯𐐿𐐻𐐴 𐑉𐐮𐐽 𐐰𐑌𐐼 𐑋𐐪𐐼𐐲𐑅𐐻, 𐐺𐐲𐐻 𐐲𐑅𐐲𐑉𐐻𐐲𐐼 𐐺𐐴 𐐪 𐑅𐐮𐑋𐐹𐐲𐑊 𐐹𐐮𐑌—
(𐐜𐐩 𐐶𐐮𐑊 𐑅𐐩: “𐐒𐐲𐐻 𐐸𐐵 𐐸𐐮𐑆 𐐪𐑉𐑋𐑆 𐐰𐑌𐐼 𐑊𐐯𐑀𐑆 𐐪𐑉 𐑃𐐮𐑌!”)
𐐔𐐭 𐐌 𐐼𐐯𐑉
𐐔𐐮𐑅𐐻𐐲𐑉𐐺 𐑄 𐐷𐐭𐑌𐐮𐑂𐐲𐑉𐑅?
𐐆𐑌 𐐪 𐑋𐐮𐑌𐐲𐐻 𐑄𐐯𐑉 𐐮𐑆 𐐻𐐴𐑋
𐐙𐐫𐑉 𐐼𐐲𐑅𐐮𐑈𐐲𐑌𐑆 𐐰𐑌𐐼 𐑉𐐲𐑂𐐮𐑈𐐲𐑌𐑆 𐐸𐐶𐐮𐐽 𐐪 𐑋𐐮𐑌𐐲𐐻 𐐶𐐮𐑊 𐑉𐐲𐑂𐐲𐑉𐑅.

𐐙𐐫𐑉 𐐌 𐐸𐐰𐑂 𐑌𐐬𐑌 𐑄𐐯𐑋 𐐫𐑊 𐐫𐑊𐑉𐐯𐐼𐐨, 𐑌𐐬𐑌 𐑄𐐯𐑋 𐐫𐑊:
𐐐𐐰𐑂 𐑌𐐬𐑌 𐑄 𐐨𐑂𐑌𐐮𐑍𐑆, 𐑋𐐫𐑉𐑌𐐮𐑍𐑆, 𐐰𐑁𐐻𐐲𐑉𐑌𐐭𐑌𐑆,
𐐌 𐐸𐐰𐑂 𐑋𐐯𐑈𐐲𐑉𐐼 𐐵𐐻 𐑋𐐴 𐑊𐐴𐑁 𐐶𐐮𐑄 𐐿𐐫𐑁𐐨 𐑅𐐹𐐭𐑌𐑆;
𐐌 𐑌𐐬 𐑄 𐑂𐑎𐑅𐐲𐑆 𐐼𐐴𐐮𐑍 𐐶𐐮𐑄 𐐪 𐐼𐐴𐐮𐑍 𐑁𐐫𐑊
𐐒𐐲𐑌𐐨𐑃 𐑄 𐑋𐐷𐐭𐑆𐐮𐐿 𐑁𐑉𐐲𐑋 𐐪 𐑁𐐪𐑉𐑄𐐲𐑉 𐑉𐐭𐑋.
𐐝𐐬 𐐸𐐵 𐑇𐐳𐐼 𐐌 𐐹𐑉𐐲𐑆𐐭𐑋?

𐐈𐑌𐐼 𐐌 𐐸𐐰𐑂 𐑌𐐬𐑌 𐑄 𐐴𐑆 𐐫𐑊𐑉𐐯𐐼𐐨, 𐑌𐐬𐑌 𐑄𐐯𐑋 𐐫𐑊—
𐐜 𐐴𐑆 𐑄𐐰𐐻 𐑁𐐮𐐿𐑅 𐐷𐐭 𐐮𐑌 𐐪 𐑁𐐫𐑉𐑋𐐷𐐲𐑊𐐩𐐻𐐲𐐼 𐑁𐑉𐐩𐑆,
𐐈𐑌𐐼 𐐸𐐶𐐯𐑌 𐐌 𐐰𐑋 𐑁𐐫𐑉𐑋𐐷𐐲𐑊𐐩𐐻𐐲𐐼, 𐑅𐐹𐑉𐐫𐑊𐐮𐑍 𐐫𐑌 𐐪 𐐹𐐮𐑌,

Ψωʌᵾ Φ ɹɔ ᴛɨᵾd ɹᵾd φɨώɼlɨи θᵾ ɣ ωθl,
Ɣʌᵾ φȯ bqd Φ ʙɼώɨᵾ
Ղɷ ȣᴛɨղ ȯղ θl ɣ ʙɼղ-ʌᵾdɞ ɼɞ ɔɸ dɛɞ ɹᵾd ωɛɞ?
    ɹIᵾd φȯ bqd Φ ղφɼɞɷɔ?

    ɹIᵾd Φ φɹɞ ᵾoᵾ ɣ ɵφɔɞ θlφʌdə, ᵾoᵾ ɣʌɔ θl—
Ɵφɔɞ ɣɹղ ɵφ ʙφɛȣlɼղɼd ɹᵾd φωɸղ ɹᵾd ʙʌφ
(ʙɼղ ɨᵾ ɣ lɹɔᴛlɸղ, dȯᵾd ωɨɣ lɸղ ʙφȯᵾ φʌφ!)
Ɨɞ ɨղ ᴛɼφρᵥɷɔ ρφɼɔ ɵ dφʌɞ
Ɣɹղ ɔɛωɞ ɔə ɞo dɸώφʌɞ?
Ɵφɔɞ ɣɹղ lɸ ɼlθи ɵ ղɛʙɼl, θφ φɹᴛ ɼʙȯղ ɵ bθl.
    ɹIᵾd bqd Φ ɣʌᵾ ղφɼɞɷɔ?
    ɹIᵾd φȯ bqd Φ ʙɼώɨᵾ?

*   *   *

Ꭰɹl Φ ȣɛ, Φ φɹɞ ώoᵾ ɹղ dɼȣϖ ɩφɷ ᵾʌφo ȣղφəlȣ
ɹIᵾd ωɵɕղ ɣ ȣɔϖ ɣɹղ φɸɞɼɞ ρφɼɔ ɣ ղɸᴛȣ
Ɍɞ lθᵾlə ɔʌᵾ ɨᵾ bɼφղ-ȣlɘɞɞ, lɘɨᵾи ȯղ ɼɞ ωɨᵾdɵɞ?…

    Φ bqd φɹɞ ʙɨᵾ ɵ ᴛʌφ ɼɞ φɹώɼd ϖlɵɞ
Ȣϖɼlɼlɨи ɼωφɵɞ ɣ ρlθφɞ ɼɞ ȣɸlɼᵾ ȣəɞ.

*   *   *

ɹIᵾd ɣ ɹρlɼφᵾθᵾ, ɣ əɞɨᵾи, ȣlɘᴛȣ ɞo ᴛəɞρɼlə!
Ȣɔɷɣd ʙɸ lθи ρɨиώɼφɞ,
Ɍȣlɘᴛ…ղφɼφd…θφ ɨղ ɔɼlɨиώɼφɞ,
Ȣղφʌɕղ θᵾ ɣ ρlθφ, φɨφ ʙɼȣɸd ᵥɷ ɹᵾd ɔə.
Ꭰqd Φ, ɹρlɼφ ղ ɹᵾd ϖɛωȣ ɹᵾd ɸȣɼɞ,
Ψɹɞ ɣ ȣղφʌиϖɩ ղɷ ρθφȣ ɣ ɔɔɔɼᵾղ ղɷ ɨղȣ ϖφɸȣɨȣ?
ʙɼղ ɣo Φ φɹɞ ωʌᴛղ ɹᵾd ρɹȣղɼd, ωʌᴛղ ɹᵾd ղφɛd,
Ɣo Φ φɹɞ ȣəᵾ ɔɸ φʌd (ώφoᵾ ȣlɸղlə ʙθld) ʙφθղ ɨᵾ ɼᴛəᵾ ɵ ղlɹlɼφ,
Φ ɹɔ ᵾo ղφəρɼղ—ɹᵾd φɨφ'ɞ ᵾo ώφɛղ ɔɹlɼφ;
Φ φɹɞ ȣəᵾ ɣ ɔɔɔɼᵾղ ɼɞ ɔɸ ώφɛղᵾɼȣ ρlɨϖɼφ,
ɹIᵾd Φ φɹɞ ȣəᵾ ɣ əlɼφᵾɼl Ρղղɔɼᵾ φθld ɔɸ ϖθղ, ɹᵾd ȣɨɨϖɼφ,
ɹIᵾd ɨᵾ bɵφղ, Φ ωɼɞ ɼρφɛd.

𐐈𐑌𐐼 𐐶𐐳𐐼 𐐮𐐻 𐐸𐐰𐑂 𐐺𐐮𐑌 𐐶𐐲𐑉𐑃 𐐮𐐻, 𐐰𐑁𐐻𐐲𐑉 𐐫𐑊,
𐐈𐑁𐐻𐐲𐑉 𐑄 𐐿𐐲𐐹𐑅, 𐑄 𐑋𐐪𐑉𐑋𐐲𐑊𐐩𐐼, 𐑄 𐐻,
𐐊𐑋𐐲𐑍 𐑄 𐐹𐐫𐑉𐑅𐐲𐑊𐐲𐑌, 𐐲𐑋𐐲𐑍 𐑅𐐲𐑋 𐐻𐐫𐐿 𐐲𐑂 𐐷𐐭 𐐰𐑌𐐼 𐑋𐐨,
𐐎𐐳𐐼 𐐮𐐻 𐐸𐐰𐑂 𐐺𐐮𐑌 𐐶𐐲𐑉𐑃 𐐸𐐶𐐴𐐲𐑊,
𐐓𐐭 𐐸𐐰𐑂 𐐺𐐮𐐻𐐲𐑌 𐐫𐑁 𐑄 𐑋𐐰𐐻𐐲𐑉 𐐶𐐮𐑄 𐐪 𐑅𐑋𐐴𐐲𐑊,
𐐓𐐭 𐐸𐐰𐑂 𐑅𐐿𐐶𐐨𐑆𐐼 𐑄 𐐷𐐭𐑌𐐮𐑂𐐲𐑉𐑅 𐐮𐑌𐐻𐐭 𐐪 𐐺𐐫𐑊
𐐓𐐭 𐑉𐐬𐑊 𐐮𐐻 𐐻𐐲𐐶𐐫𐑉𐐼 𐑅𐐲𐑋 𐐬𐑂𐐲𐑉𐐸𐐶𐐯𐑊𐑋𐐮𐑍 𐐿𐐶𐐯𐑅𐐽𐐲𐑌,
𐐓𐐭 𐑅𐐩: "𐐌 𐐰𐑋 𐐢𐐰𐑆𐐲𐑉𐐲𐑅, 𐐿𐐲𐑋 𐑁𐑉𐐲𐑋 𐑄 𐐼𐐯𐐼,
𐐗𐐲𐑋 𐐺𐐰𐐿 𐐻𐐭 𐐻𐐯𐑊 𐐷𐐭 𐐫𐑊, 𐐌 𐑇𐐰𐑊 𐐻𐐯𐑊 𐐷𐐭 𐐫𐑊"—
𐐆𐑁 𐐶𐐲𐑌, 𐑅𐐯𐐻𐐲𐑊𐐮𐑍 𐐪 𐐹𐐮𐑊𐐬 𐐺𐐴 𐐸𐐲𐑉 𐐸𐐯𐐼,
𐐟𐐳𐐼 𐑅𐐩: "𐐜𐐰𐐻 𐐮𐑆 𐑌𐐪𐐻 𐐸𐐶𐐲𐐻 𐐌 𐑋𐐯𐑌𐐻 𐐰𐐻 𐐫𐑊;
𐐜𐐰𐐻 𐐮𐑆 𐑌𐐪𐐻 𐐮𐐻, 𐐰𐐻 𐐫𐑊."

𐐈𐑌𐐼 𐐶𐐳𐐼 𐐮𐐻 𐐸𐐰𐑂 𐐺𐐮𐑌 𐐶𐐲𐑉𐑃 𐐮𐐻, 𐐰𐑁𐐻𐐲𐑉 𐐫𐑊,
𐐎𐐳𐐼 𐐮𐐻 𐐸𐐰𐑂 𐐺𐐮𐑌 𐐶𐐲𐑉𐑃 𐐸𐐶𐐴𐐲𐑊,
𐐈𐑁𐐻𐐲𐑉 𐑄 𐑅𐐲𐑌𐑅𐐯𐐻𐑅 𐐰𐑌𐐼 𐑄 𐐼𐐫𐑉𐐷𐐪𐑉𐐼𐑆 𐐰𐑌𐐼 𐑄 𐑅𐐹𐑉𐐮𐑍𐐿𐐲𐑊𐐼 𐑅𐐻𐑉𐐨𐐻𐑅,
𐐈𐑁𐐻𐐲𐑉 𐑄 𐑌𐐪𐑂𐐲𐑊𐑆, 𐐰𐑁𐐻𐐲𐑉 𐑄 𐐻𐐨𐐿𐐲𐐹𐑅, 𐐰𐑁𐐻𐐲𐑉 𐑄 𐑅𐐿𐐲𐑉𐐻𐑅 𐑄𐐰𐐻 𐐻𐑉𐐩𐑊 𐐲𐑊𐐫𐑍 𐑄 𐑁𐑊𐐫𐑉—
𐐈𐑌𐐼 𐑄𐐮𐑅, 𐐰𐑌𐐼 𐑅𐐬 𐑋𐐲𐐽 𐑋𐐫𐑉?—
𐐆𐐻 𐐮𐑆 𐐮𐑋𐐹𐐪𐑅𐐮𐐺𐐲𐑊 𐐻𐐭 𐑅𐐩 𐐾𐐲𐑅𐐻 𐐸𐐶𐐲𐐻 𐐌 𐑋𐐨𐑌!
𐐒𐐲𐐻 𐐰𐑆 𐐮𐑁 𐐪 𐑋𐐰𐐾𐐮𐐿 𐑊𐐰𐑌𐐻𐐲𐑉𐑌 𐑃𐑉𐐭 𐑄 𐑌𐐲𐑉𐑂𐑆 𐐮𐑌 𐐹𐐰𐐻𐐲𐑉𐑌𐑆 𐐫𐑌 𐐪 𐑅𐐿𐑉𐐨𐑌:
𐐎𐐳𐐼 𐐮𐐻 𐐸𐐰𐑂 𐐺𐐮𐑌 𐐶𐐲𐑉𐑃 𐐸𐐶𐐴𐐲𐑊
𐐆𐑁 𐐶𐐲𐑌, 𐑅𐐯𐐻𐐲𐑊𐐮𐑍 𐐪 𐐹𐐮𐑊𐐬 𐐫𐑉 𐑃𐑉𐐬𐐮𐑍 𐐫𐑁 𐐪 𐑇𐐫𐑊,
𐐈𐑌𐐼 𐐻𐐲𐑉𐑌𐐮𐑍 𐐻𐐲𐐶𐐫𐑉𐐼 𐑄 𐐶𐐮𐑌𐐼𐐬, 𐑇𐐳𐐼 𐑅𐐩:
"𐐜𐐰𐐻 𐐮𐑆 𐑌𐐪𐐻 𐐮𐐻 𐐰𐐻 𐐫𐑊,
𐐜𐐰𐐻 𐐮𐑆 𐑌𐐪𐐻 𐐸𐐶𐐲𐐻 𐐌 𐑋𐐯𐑌𐐻, 𐐰𐐻 𐐫𐑊."

* * *

𐐤𐐬! 𐐌 𐐰𐑋 𐑌𐐪𐐻 𐐑𐑉𐐮𐑌𐑅 𐐐𐐰𐑋𐑊𐐲𐐻, 𐑌𐐫𐑉 𐐶𐐲𐑆 𐑋𐐯𐑌𐐻 𐐻𐐭 𐐺;
𐐈𐑋 𐐰𐑌 𐐲𐐻𐐯𐑌𐐼𐐲𐑌𐐻 𐑊𐐫𐑉𐐼, 𐐶𐐲𐑌 𐑄𐐰𐐻 𐐶𐐮𐑊 𐐼𐐭
𐐓𐐭 𐑅𐐶𐐯𐑊 𐐪 𐐹𐑉𐐪𐑀𐑉𐐯𐑅, 𐑅𐐻𐐪𐑉𐐻 𐐪 𐑅𐐨𐑌 𐐫𐑉 𐐻𐐭,
𐐊𐐼𐑂𐐴𐑆 𐑄 𐐹𐑉𐐮𐑌𐑅; 𐑌𐐬 𐐼𐐵𐐻, 𐐰𐑌 𐐨𐑆𐐨 𐐻𐐭𐑊,
𐐔𐐯𐑁𐐲𐑉𐐯𐑌𐐽𐐲𐑊, 𐑀𐑊𐐰𐐼 𐐻𐐭 𐐺 𐐲𐑂 𐐷𐐭𐑅,
𐐑𐐪𐑊𐐮𐐻𐐮𐐿, 𐐿𐐫𐑇𐐲𐑅, 𐐰𐑌𐐼 𐑋𐐲𐐻𐐮𐐿𐐷𐐲𐑊𐐲𐑅;
𐐙𐐳𐑊 𐐲𐑂 𐐸𐐴 𐑅𐐯𐑌𐐻𐐲𐑌𐑅, 𐐺𐐲𐐻 𐐪 𐐺𐐮𐐻 𐐲𐐺𐐻𐐭𐑅;

The text on this page appears to be in a constructed or unknown script that cannot be reliably transcribed as Latin-alphabet text. The visible line numbers are 125, 130, and 135.

𐐎𐐮𐑃𐐵𐐻 𐑄𐐨𐑆 𐑁𐑉𐐯𐑌𐐼𐑇𐐮𐐹𐑅—𐑊𐐴𐑁, 𐐸𐐶𐐱𐐻 cauchemar!"

𐐊𐑋𐐲𐑍 𐑄 𐐶𐐴𐑌𐐼𐐮𐑍𐑆 𐐲𐑂 𐑄 𐑂𐐴𐐲𐑊𐐮𐑌𐑆
𐐈𐑌𐐼 𐑄 𐐰𐑉𐐨𐐯𐐻𐑅
𐐊𐑂 𐐿𐑉𐐰𐐿𐐻 𐐿𐐫𐑉𐑌𐐲𐐻𐑅
𐐆𐑌𐑅𐐴𐐼 𐑋𐐴 𐐺𐑉𐐩𐑌 𐐨 𐐼𐐲𐑊 𐐻𐐱𐑋-𐐻𐐱𐑋 𐐺𐐲𐑀𐐮𐑌𐑆
𐐊𐐺𐑅𐐲𐑉𐐼𐑊𐐨 𐐸𐐰𐑋𐐲𐑉𐐮𐑍 𐐨 𐐹𐑉𐐯𐑊𐐭𐐼 𐐲𐑂 𐐮𐐻𐑅 𐐬𐑌,
𐐗𐐲𐐹𐑉𐐮𐑇𐐲𐑅 𐑋𐐱𐑌𐐲𐐻𐐬𐑌
𐐜𐐰𐐻 𐐮𐑆 𐐰𐐻 𐑊𐐨𐑅𐐻 𐐶𐐲𐑌 𐐼𐐯𐑁𐐮𐑌𐐮𐐻 "𐑁𐐫𐑊𐑅 𐑌𐐬𐐻."
—𐐢𐐯𐐻 𐐲𐑅 𐐻𐐩𐐿 𐑄 𐐯𐑉, 𐐮𐑌 𐐨 𐐻𐐲𐐺𐐰𐐿𐐬 𐐻𐑉𐐰𐑌𐑅,
𐐊𐐼𐑋𐐴𐑉 𐑄 𐑋𐐱𐑌𐐷𐐲𐑋𐐲𐑌𐐻𐑅
𐐔𐐮𐑅𐐿𐐲𐑅 𐑄 𐑊𐐩𐐻 𐐮𐑂𐐯𐑌𐐻𐑅,
𐐗𐐲𐑉𐐯𐐿𐐻 𐐵𐑉 𐐶𐐱𐐽𐐲𐑆 𐐺𐐴 𐑄 𐐹𐐲𐐺𐑊𐐮𐐿 𐐿𐑊𐐱𐐿𐑅.
𐐜𐐯𐑌 𐑅𐐮𐐻 𐑁𐐫𐑉 𐐸𐐰𐑁 𐐰𐑌 𐐵𐑉 𐐰𐑌𐐼 𐐼𐑉𐐮𐑍𐐿 𐐵𐑉 𐐺𐐱𐐿𐑅.

II

𐐤𐐵 𐑄𐐰𐐻 𐑊𐐴𐑊𐐲𐐿𐑅 𐐪𐑉 𐐮𐑌 𐐺𐑊𐐭𐑋
𐐟𐐨 𐐸𐐰𐑆 𐐨 𐐺𐐬𐑊 𐐲𐑂 𐑊𐐴𐑊𐐲𐐿𐑅 𐐮𐑌 𐐸𐐲𐑉 𐑉𐐭𐑋
𐐈𐑌𐐼 𐐻𐐶𐐮𐑅𐐻𐑅 𐐶𐐲𐑌 𐐮𐑌 𐐸𐐲𐑉 𐑁𐐮𐑍𐑀𐐲𐑉𐑆 𐐸𐐶𐐴𐑊 𐑇𐐨 𐐻𐐫𐐿𐑅.
"𐐂, 𐑋𐐴 𐑁𐑉𐐯𐑌𐐼, 𐐷𐐭 𐐼𐐭 𐑌𐐱𐐻 𐑌𐐬, 𐐷𐐭 𐐼𐐭 𐑌𐐱𐐻 𐑌𐐬
𐐐𐐶𐐱𐐻 𐑊𐐴𐑁 𐐮𐑆, 𐐷𐐭 𐐸𐐭 𐐸𐐬𐑊𐐼 𐐮𐐻 𐐮𐑌 𐐷𐐫𐑉 𐐸𐐰𐑌𐐼𐑆";
(𐐝𐑊𐐬𐑊𐐨 𐐻𐐶𐐮𐑅𐐻𐐮𐑍 𐑄 𐑊𐐴𐑊𐐲𐐿 𐑅𐐻𐐫𐐿𐑅)
"𐐏𐐭 𐑊𐐯𐐻 𐐮𐐻 𐑁𐑊𐐬 𐑁𐑉𐐲𐑋 𐐷𐐭, 𐐷𐐭 𐑊𐐯𐐻 𐐮𐐻 𐑁𐑊𐐬,
𐐈𐑌𐐼 𐐷𐐭𐑃 𐐮𐑆 𐐿𐑉𐐭𐐲𐑊, 𐐰𐑌𐐼 𐐸𐐰𐑆 𐑌𐐬 𐑉𐐮𐑋𐐫𐑉𐑅
𐐈𐑌𐐼 𐑅𐑋𐐴𐑊𐑆 𐐰𐐻 𐑅𐐮𐐽𐐭𐐩𐑇𐐲𐑌𐑆 𐐸𐐶𐐮𐐽 𐐮𐐻 𐐿𐐰𐑌𐐱𐐻 𐑅𐐨."
𐐌 𐑅𐑋𐐴𐑊, 𐐲𐑂 𐐿𐐫𐑉𐑅,
𐐈𐑌𐐼 𐑀𐐬 𐐱𐑌 𐐼𐑉𐐮𐑍𐐿𐐮𐑍 𐐻.
"𐐏𐐯𐐻 𐐶𐐮𐑄 𐑄𐐨𐑆 𐐁𐐹𐑉𐐮𐑊 𐑅𐐲𐑌𐑅𐐯𐐻𐑅, 𐑄𐐰𐐻 𐑅𐐲𐑋𐐸𐐵 𐑉𐐲𐐿𐐫𐑊
𐐣𐐴 𐐺𐐯𐑉𐐨𐐼 𐑊𐐴𐑁, 𐐰𐑌𐐼 𐐑𐐰𐑉𐐮𐑅 𐐮𐑌 𐑄 𐑅𐐹𐑉𐐮𐑍,
𐐌 𐑁𐐨𐑊 𐐮𐑋𐐯𐑈𐐲𐑉𐐲𐐺𐑊𐐨 𐐰𐐻 𐐹𐐨𐑅, 𐐰𐑌𐐼 𐑁𐐴𐑌𐐼 𐑄 𐐶𐐲𐑉𐑊𐐼
𐐓𐐭 𐐺 𐐶𐐲𐑌𐐼𐐲𐑉𐑁𐐲𐑊 𐐰𐑌𐐼 𐐷𐐭𐑃𐑁𐐲𐑊, 𐐰𐑁𐐻𐐲𐑉 𐐫𐑊."

𐐜 𐑂𐐫𐐮𐑅 𐑉𐐮𐐻𐐲𐑉𐑌𐑆 𐑊𐐴𐐿 𐑄 𐐮𐑌𐑅𐐮𐑅𐐻𐐲𐑌𐐻 𐐵𐐻-𐐲𐑂-𐐻𐐷𐐭𐑌
𐐊𐑂 𐐨 𐐺𐑉𐐬𐐿𐐲𐑌 𐑂𐐴𐐲𐑊𐐮𐑌 𐐱𐑌 𐐰𐑌 𐐃𐑀𐐲𐑅𐐻 𐐰𐑁𐐻𐐲𐑉𐑌𐐭𐑌:
"𐐌 𐐰𐑋 𐐫𐑊𐐶𐐩𐑆 𐑇𐐭𐑉 𐑄𐐰𐐻 𐐷𐐭 𐐲𐑌𐐼𐐲𐑉𐑅𐐻𐐰𐑌𐐼
𐐣𐐴 𐑁𐐨𐑊𐐮𐑍𐑆, 𐐫𐑊𐐶𐐩𐑆 𐑇𐐭𐑉 𐑄𐐰𐐻 𐐷𐐭 𐑁𐐨𐑊,
𐐟𐐭𐑉 𐑄𐐰𐐻 𐐲𐐿𐑉𐐫𐑅 𐑄 𐑀𐐲𐑊𐑁 𐐷𐐭 𐑉𐐨𐐽 𐐷𐐫𐑉 𐐸𐐰𐑌𐐼.

The text on this page is written in an unrecognizable constructed or decorative script that cannot be faithfully transcribed.

(This page is written in an unknown constructed/undeciphered script and cannot be transcribed into Latin text.)

I

II

III

𐐡𐐰𐐹𐑅𐐲𐐼𐐨 𐐫𐑌 𐐪 𐐎𐐮𐑌𐐼𐐨 𐐤𐐴𐐻

𐐓𐐶𐐯𐑊𐑂 𐐲'𐐿𐑊𐐫𐐿.
𐐊𐑊𐐫𐑍 𐑄 𐑉𐐨𐐽𐐲𐑆 𐐲𐑂 𐑄 𐑅𐐻𐑉𐐨𐐻
𐐐𐐯𐑊𐐼 𐐮𐑌 𐐪 𐑊𐐭𐑌𐐲𐑉 𐑅𐐮𐑌𐑃𐐲𐑅𐐮𐑅,
𐐐𐐶𐐮𐑅𐐹𐐲𐑉𐐮𐑍 𐑊𐐭𐑌𐐲𐑉 𐐮𐑍𐐿𐐰𐑌𐐻𐐩𐑇𐐲𐑌𐑆
𐐔𐐮𐑆𐐫𐑊𐑂 𐑄 𐑁𐑊𐐫𐑉𐑆 𐐲𐑂 𐑄 𐑋𐐯𐑋𐐲𐑉𐐨
𐐈𐑌𐐼 𐐫𐑊 𐐮𐐻𐑅 𐐿𐑊𐐨𐑉 𐑉𐐲𐑊𐐩𐑇𐐲𐑌𐑆,
𐐆𐐻𐑅 𐐼𐐮𐑂𐐮𐑈𐐲𐑌𐑆 𐐰𐑌𐐼 𐐹𐑉𐐲𐑅𐐮𐑈𐐲𐑌𐑆,
𐐇𐑂𐑉𐐨 𐑅𐐻𐑉𐐨𐐻 𐑊𐐰𐑋𐐹 𐑄𐐰𐐻 𐐌 𐐹𐐰𐑅
𐐒𐐨𐐻𐑅 𐑊𐐴𐐿 𐐪 𐑁𐐩𐐻𐐲𐑊𐐮𐑅𐐻𐐮𐐿 𐐼𐑉𐐲𐑋,
𐐈𐑌𐐼 𐑃𐑉𐐭 𐑄 𐑅𐐹𐐩𐑅𐐲𐑆 𐐲𐑂 𐑄 𐐼𐐪𐑉𐐿
𐐣𐐮𐐼𐑌𐐴𐐻 𐑇𐐩𐐿𐑅 𐑄 𐑋𐐯𐑋𐐲𐑉𐐨
𐐈𐑆 𐐪 𐑋𐐰𐐼𐑋𐐰𐑌 𐑇𐐩𐐿𐑅 𐐪 𐐼𐐯𐐼 𐐾𐐲𐑉𐐩𐑌𐐨𐐲𐑋.

𐐐𐐰𐑁-𐐹𐐰𐑅𐐻 𐐶𐐲𐑌,
𐐜 𐑅𐐻𐑉𐐨𐐻 𐑊𐐰𐑋𐐹 𐑅𐐹𐐲𐐻𐐲𐑉𐐼,
𐐜 𐑅𐐻𐑉𐐨𐐻 𐑊𐐰𐑋𐐹 𐑋𐐲𐐻𐐲𐑉𐐼,
𐐜 𐑅𐐻𐑉𐐨𐐻 𐑊𐐰𐑋𐐹 𐑅𐐯𐐼,
“𐐡𐐲𐑀𐐪𐑉𐐼 𐑄𐐰𐐻 𐐶𐐳𐑋𐐲𐑌
𐐐𐐭 𐐸𐐯𐑆𐐮𐐻𐐩𐐻𐑅 𐐻𐐲𐐶𐐫𐑉𐐼 𐐷𐐭 𐐮𐑌 𐑄 𐑊𐐴𐐻 𐐲𐑂 𐑄 𐐼𐐫𐑉
𐐐𐐶𐐮𐐽 𐐬𐐹𐐲𐑌𐑆 𐐫𐑌 𐐸𐐲𐑉 𐑊𐐴𐐿 𐐪 𐑀𐑉𐐮𐑌.
𐐏𐐭 𐑅𐐨 𐑄 𐐺𐐫𐑉𐐼𐐲𐑉 𐐲𐑂 𐐸𐐲𐑉 𐐼𐑉𐐯𐑅
𐐆𐑆 𐐻𐐫𐑉𐑌 𐐰𐑌𐐼 𐑅𐐻𐐩𐑌𐐼 𐐶𐐮𐑄 𐑅𐐰𐑌𐐼,
𐐈𐑌𐐼 𐐷𐐭 𐑅𐐨 𐑄 𐐿𐐫𐑉𐑌𐐲𐑉 𐐲𐑂 𐐸𐐲𐑉 𐐴
𐐓𐐶𐐮𐑅𐐻𐑅 𐑊𐐴𐐿 𐐪 𐐿𐑉𐐳𐐿𐐲𐐼 𐐹𐐮𐑌.”

𐐜 𐑋𐐯𐑋𐐲𐑉𐐨 𐑃𐑉𐐬𐑆 𐐲𐐹 𐐸𐐴 𐐰𐑌𐐼 𐐼𐑉𐐴
𐐂 𐐿𐑉𐐵𐐼 𐐲𐑂 𐐻𐐶𐐮𐑅𐐻𐐲𐐼 𐑃𐐮𐑍𐑆;
𐐂 𐐻𐐶𐐮𐑅𐐻𐐲𐐼 𐐺𐑉𐐰𐑌𐐽 𐐲𐐹𐐫𐑌 𐑄 𐐺𐐨𐐽
𐐀𐐻𐐲𐑌 𐑅𐑋𐐭𐑄, 𐐰𐑌𐐼 𐐹𐐫𐑊𐐮𐑇𐐻
𐐈𐑆 𐐮𐑁 𐑄 𐐶𐐲𐑉𐑊𐐼 𐑀𐐩𐑂 𐐲𐐹
𐐜 𐑅𐐨𐐿𐑉𐐲𐐻 𐐲𐑂 𐐮𐐻𐑅 𐑅𐐿𐐯𐑊𐐲𐐻𐐲𐑌,
𐐝𐐻𐐮𐑁 𐐰𐑌𐐼 𐐸𐐶𐐴𐐻.
𐐂 𐐺𐑉𐐬𐐿𐐲𐑌 𐑅𐐹𐑉𐐮𐑍 𐐮𐑌 𐐪 𐑁𐐰𐐿𐐻𐐲𐑉𐐨 𐐷𐐪𐑉𐐼,
𐐡𐐲𐑅𐐻 𐑄𐐰𐐻 𐐿𐑊𐐮𐑍𐑆 𐐻𐐭 𐑄 𐑁𐐫𐑉𐑋 𐑄𐐰𐐻 𐑄 𐑅𐐻𐑉𐐯𐑍𐐿𐑃 𐐸𐐰𐑆 𐑊𐐯𐑁𐐻
𐐐𐐪𐑉𐐼 𐐰𐑌𐐼 𐐿𐐲𐑉𐑊𐐼 𐐰𐑌𐐼 𐑉𐐯𐐼𐐨 𐐻𐐭 𐑅𐑌𐐰𐐹.

                    Ψıp-ⲧ⸱ıeꝉ ꝉɷ,
35   Ⴘ eꝉɸəꝉ ʟⲓɔⲧ eлd,
            "Ⴔⲅɔəɸɷ Ⴘ ɷ⸱ŋ ɸωıc pʟ⸱ŋʀ⸱ɕ ŋeлıp ŋ̃ Ⴘ ω̃ʀꝉⲅɸ,
            8ḷıⲧe ȯŋ ŋe ꝉʀ⸱ɕ
            ⸳ıлd dⲅɷȯⲅɸɕ ə ɔəɸəʟ ⲅe ɸ⸱ıeıd eⲅꝉⲅɸ."
            8ɷ Ⴘ ɸ⸱ıлd ⲅe ə cdⲅꝉd, əɲɔ⸱ⲧıω
            8ḷıⲧꝉ ȯŋ ⸳ıлd ꝉeɷⲅꝉⲅd ə ꝉɷı Ⴘ⸱ŋ ωⲅe ɸⲅ⸱ɕŋ ⲅꝉɷŋ Ⴘ
40   ω̃ə.
            ɸ̃ ωɸd eə ɕⲅ⸱ɕŋ eⲅɸɸ⸱ɕd Ⴘ⸱ŋ cdⲅꝉd'e ɸ̃.
            ɸ̃ ɸ⸱ıe eəɕ ɸɕ ŋ̃ Ⴘ eꝉɸəꝉ
            ꝉɸɸŋɕ ꝉɷ ŋıɸ ʟɸɷ ʟɸꝉⲅd bⲅꝉⲅɸe,
            ⸳ıлd ə ωɸ⸱ıe ωⲅɕ ⸳ıꝉꝉⲅɸɕŋ ŋ̃ ə ꝉɷı,
45   ⸳ıɕ ɷʟd ωɸ⸱ıe ωıⲭ eəɸⲅⲅωʟe ɷɕ ɸıe e⸱ıω,
            Ⴘω̃ɸıꝉꝉ Ⴘ ⸱ıлd ⲅe ə eꝉıω ɸωıc ɸ̃ ɸ⸱ıꝉd ɸıɔ.

                    Ψıp-ⲧ⸱ıeꝉ ʟɸə,
            Ⴘ ʟ⸱ıɔⲧ eıⲅꝉⲅɸd,
            Ⴘ ʟ⸱ıɔⲧ ɔⲅꝉⲅɸd ŋ̃ Ⴘ dəɸω.
50   Ⴘ ʟ⸱ıɔⲧ ɸⲅɔd:
            "Ⴔⲅω̃əɸd Ⴘ ɔɷɕ,
            La lune ne garde aucune rancune,
            Də ωŋ⸱ɕωe ə pəeʟ ɸ̃,
            Də eɸⲅʟɕ ŋıɸ ωωɸⲅⲅɸe.
55   Də eɷωⲅɕ Ⴘ ɸлɸ ⲅe Ⴘ ω̃ɸ⸱ıe.
            Ⴘ ɔɷⲭ ɸ⸱ıe ʟəeꝉ ɸⲅɸ ɔлɔⲅɸə.
            Ә ωəpꝉ⸱ȯꝉ eɔəꝉꝉωe ωɸıωe ɸⲅɸ ⲅeв,
            Ⴔⲅɸ ɸ⸱ıлd ꝉωıeⲧe ə ⲧeıⲅɸ ɸɷe,
            Ⴘ⸱ŋ eɔ⸱ıe ⲅe dⲅeꝉ ⸳ıлd ɷʟd Ⴘω̃ⲅʟɕ,
60   Də ıe ⲅʟɕ
            Ⴚŋ oʟ Ⴘ oʟd ɕəωꝉⲅɸⲅʟ eɔ⸱ıe
            Ⴘ⸱ŋ ωɸɷe ⸳ıлd ωɸɷe ⲅωɸɷe ɸⲅɸ еɸɕⲭ.
            Ⴘ ɸлɔŋ̃eⲅɕe ωⲅɔe
            ⲅe eⲅ⸱ıʟe dɸɸ cɸɸɕɕəⲅɔe
65   ⸳ıлd dⲅeꝉ ŋ̃ ωɸлeıeⲅe,
            eɔ⸱ıe ⲅe cлeⲭⲅⲅʟe ŋ̃ Ⴘ eꝉɸəꝉe,
            ⸳ıлd pəɔeꝉ eɔ⸱ıe ŋ̃ bⲅꝉⲅɸd ɸɷɔe,
            ⸳ıлd eıω̃ɸлꝉe ŋ̃ eⲅω̃ɸıɸɸe
            ⸳ıлd ωəωꝉeꝉ eɔ⸱ıe ŋ̃ eəɸe."

Ὀφ. Ῥιαλίνιος

"Ὢ τῆς καινότητος. Ἡράκλεις, τῆς παραδοξολογίας.
εὐμήχανος ἄνθρωπος.

LUCIAN

𐐈𐑌𐐼 𐐌 𐑄𐐯𐑌: "𐐝𐐲𐑋 𐐶𐐲𐑌 𐑁𐑉𐐩𐑋𐑆 𐐲𐐹𐐱𐑌 𐑄 𐐿𐐨𐑆
𐐜𐐰𐐻 𐐯𐐿𐑅𐐿𐐶𐐮𐑆𐐮𐐻 𐑌𐐱𐐿𐐻𐐲𐑉𐑌, 𐐶𐐮𐑄 𐐸𐐶𐐮𐐽 𐐶𐐨 𐐮𐐿𐑅𐐹𐑊𐐩𐑌
𐐜 𐑌𐐴𐐻 𐐰𐑌𐐼 𐑋𐐭𐑌𐑇𐐴𐑌; 𐑋𐐷𐐭𐑆𐐮𐐿 𐐸𐐶𐐮𐐽 𐐶𐐨 𐑅𐐨𐑆
𐐓𐐭 𐐺𐐱𐐼𐐨 𐑁𐐫𐑉𐑃 𐐵𐑉 𐐬𐑌 𐑂𐐰𐐿𐐷𐐭𐐮𐐻𐐨."

𐐟𐐨 𐑄𐐯𐑌: "𐐔𐐲𐑆 𐑄𐐮𐑅 𐑉𐐲𐑁𐐲𐑉 𐐻𐐭 𐑋𐐨?"

"𐐄 𐑌𐐬, 𐐮𐐻 𐐮𐑆 𐐌 𐐸𐐭 𐐰𐑋 𐐮𐑌𐐩𐑌."

"𐐏𐐭, 𐑋𐐰𐐼𐐲𐑋, 𐐪𐑉 𐑄 𐐨𐐻𐐲𐑉𐑌𐐲𐑊 𐐸𐐷𐐭𐑋𐐲𐑉𐐮𐑅𐐻
𐐜 𐐨𐐻𐐲𐑉𐑌𐐲𐑊 𐐯𐑌𐐲𐑋𐐨 𐐲𐑂 𐑄 𐐰𐐺𐑅𐐲𐑊𐐭𐐻,
𐐘𐐮𐑂𐐮𐑍 𐐵𐑉 𐑂𐐩𐑀𐑉𐐲𐑌𐐻 𐑋𐐭𐐼𐑆 𐑄 𐑅𐑊𐐴𐐻𐐲𐑅𐐻 𐐻𐐶𐐮𐑅𐐻
𐐎𐐮𐑄 𐐷𐐫𐑉 𐐯𐑉 𐐮𐑌𐐼𐐮𐑁𐐲𐑉𐐲𐑌𐐻 𐐰𐑌𐐼 𐐮𐑋𐐹𐐮𐑉𐐨𐐲𐑅
𐐈𐐻 𐐪 𐑅𐐻𐑉𐐬𐐿 𐐵𐑉 𐑋𐐰𐐼 𐐹𐐬𐐯𐐻𐐮𐐿𐑅 𐐻𐐭 𐐿𐐲𐑌𐑁𐐷𐐭𐐻—"

𐐈𐑌𐐼—"𐐂𐑉 𐐶𐐨 𐑄𐐯𐑌 𐑅𐐬 𐑅𐐮𐑉𐐨𐐲𐑅?"

La Figlia Che Piange

O quam te memorem virgo…

𐐝𐐻𐐰𐑌𐐼 𐐱𐑌 𐑄 𐐸𐐴𐐲𐑅𐐻 𐐹𐐩𐑂𐑋𐐲𐑌𐐻 𐐲𐑂 𐑄 𐑅𐐻𐐯𐑉—
𐐢𐐨𐑌 𐐱𐑌 𐐪 𐑀𐐪𐑉𐐼𐐲𐑌 𐐲𐑉𐑌—
𐐎𐐨𐑂, 𐐶𐐨𐑂 𐑄 𐑅𐐲𐑌𐑊𐐴𐐻 𐐮𐑌 𐐷𐐫𐑉 𐐸𐐯𐑉—
𐐗𐑊𐐰𐑅𐐹 𐐷𐐫𐑉 𐑁𐑊𐐵𐐲𐑉𐑆 𐐻𐐭 𐐷𐐭 𐐶𐐮𐑄 𐐪 𐐹𐐩𐑌𐐼 𐑅𐐲𐑉𐐹𐑉𐐴𐑆—
𐐙𐑊𐐮𐑍 𐑄𐐯𐑋 𐐻𐐭 𐑄 𐑀𐑉𐐵𐑌𐐼 𐐰𐑌𐐼 𐐻𐐲𐑉𐑌
𐐎𐐮𐑄 𐐪 𐑁𐐷𐐭𐐾𐐮𐐻𐐮𐑂 𐑉𐐲𐑆𐐯𐑌𐐻𐑋𐐲𐑌𐐻 𐐮𐑌 𐐷𐐫𐑉 𐐴𐑆:
𐐒𐐲𐐻 𐐶𐐨𐑂, 𐐶𐐨𐑂 𐑄 𐑅𐐲𐑌𐑊𐐴𐐻 𐐮𐑌 𐐷𐐫𐑉 𐐸𐐯𐑉.

𐐝𐐬 𐐌 𐐶𐐳𐐼 𐐸𐐰𐑂 𐐸𐐰𐐼 𐐸𐐮𐑋 𐑊𐐨𐑂,
𐐝𐐬 𐐌 𐐶𐐳𐐼 𐐸𐐰𐑂 𐐸𐐰𐐼 𐐸𐐲𐑉 𐑅𐐻𐐰𐑌𐐼 𐐰𐑌𐐼 𐑀𐑉𐐨𐑂,
𐐝𐐬 𐐸𐐨 𐐶𐐳𐐼 𐐸𐐰𐑂 𐑊𐐯𐑁𐐻
𐐈𐑆 𐑄 𐑅𐐬𐑊 𐑊𐐨𐑂𐑆 𐑄 𐐺𐐱𐐼𐐨 𐐻𐐫𐑉𐑌 𐐰𐑌𐐼 𐐺𐑉𐐭𐑆𐐼
𐐈𐑆 𐑄 𐑋𐐴𐑌𐐼 𐐼𐐲𐑆𐐲𐑉𐐻𐑅 𐑄 𐐺𐐱𐐼𐐨 𐐮𐐻 𐐸𐐰𐑆 𐐷𐐭𐑆𐐼.
𐐌 𐑇𐐳𐐼 𐑁𐐴𐑌𐐼
𐐝𐐲𐑋 𐐶𐐩 𐐮𐑌𐐿𐐱𐑋𐐹𐐲𐑉𐐲𐐺𐑊𐐨 𐑊𐐴𐐻 𐐰𐑌𐐼 𐐼𐐯𐑁𐐻,

𐐝𐐲𐑋 𐐶𐐩 𐐶𐐨 𐐺𐐬𐑃 𐑇𐐳𐐼 𐐲𐑌𐐼𐐲𐑉𐑅𐐻𐐰𐑌𐐼,
𐐝𐐮𐑋𐐹𐐲𐑊 𐐰𐑌𐐼 𐑁𐐩𐑃𐑊𐐲𐑅 𐐰𐑆 𐐪 𐑅𐑋𐐴𐑊 𐐰𐑌𐐼 𐑇𐐩𐐿 𐐲𐑂 𐑄 𐐸𐐰𐑌𐐼.

𐐟𐐨 𐐻𐐲𐑉𐑌𐐼 𐐲𐐶𐐩, 𐐺𐐲𐐻 𐐶𐐮𐑄 𐑄 𐐫𐐻𐐲𐑋 𐐶𐐯𐑄𐐲𐑉
𐐗𐐲𐑋𐐹𐐯𐑊𐐼 𐑋𐐴 𐐮𐑋𐐰𐐾𐐮𐑌𐐩𐑇𐐲𐑌 𐑋𐐯𐑌𐐨 𐐼𐐩𐑆,
𐐣𐐯𐑌𐐨 𐐼𐐩𐑆 𐐰𐑌𐐼 𐑋𐐯𐑌𐐨 𐐵𐑉𐑆:
𐐐𐐲𐑉 𐐸𐐯𐑉 𐐬𐑂𐐲𐑉 𐐸𐐲𐑉 𐐪𐑉𐑋𐑆 𐐰𐑌𐐼 𐐸𐐲𐑉 𐐪𐑉𐑋𐑆 𐑁𐐳𐑊 𐐲𐑂
𐑁𐑊𐐵𐐲𐑉𐑆.
𐐈𐑌𐐼 𐐌 𐐶𐐲𐑌𐐼𐐲𐑉 𐐸𐐵 𐑄𐐩 𐑇𐐳𐐼 𐐸𐐰𐑂 𐐺𐐮𐑌 𐐻𐐲𐑀𐐯𐑄𐐲𐑉!
𐐌 𐑇𐐳𐐼 𐐸𐐰𐑂 𐑊𐐫𐑅𐐻 𐐪 𐐾𐐯𐑅𐐽𐐲𐑉 𐐰𐑌𐐼 𐐪 𐐹𐐬𐑆.
𐐝𐐲𐑋𐐻𐐴𐑋𐑆 𐑄𐐨𐑆 𐐿𐐪𐐾𐐮𐐻𐐩𐑇𐐲𐑌𐑆 𐑅𐐻𐐮𐑊 𐐲𐑋𐐩𐑆
𐐜 𐐻𐑉𐐲𐐺𐐲𐑊𐐼 𐑋𐐮𐐼𐑌𐐴𐐻 𐐰𐑌𐐼 𐑄 𐑌𐐭𐑌'𐑆 𐑉𐐲𐐹𐐬𐑆.

𐐖𐐯𐑉𐐪𐑌𐑇𐐲𐑌

𐐜𐐵 𐐸𐐰𐑅𐐻 𐑌𐐫𐑉 𐐷𐐭𐑃 𐑌𐐫𐑉 𐐩𐐾
𐐒𐐲𐐻 𐐰𐑆 𐐮𐐻 𐐶𐐲𐑉 𐐰𐑌 𐐰𐑁𐐻𐐲𐑉 𐐼𐐮𐑌𐐲𐑉 𐑅𐑊𐐨𐐹
𐐔𐑉𐐨𐑋𐐮𐑍 𐐲𐑂 𐐺𐐬𐑃.

𐐐𐐮𐑉 𐐌 𐐰𐑋, 𐐰𐑌 𐐬𐑊𐐼 𐑋𐐰𐑌 𐐮𐑌 𐐪 𐐼𐑉𐐴 𐑋𐐲𐑌𐑃,
𐐒𐐨𐐮𐑍 𐑉𐐯𐐼 𐐻𐐭 𐐺𐐴 𐐪 𐐺𐐫𐐮, 𐐶𐐩𐐻𐐮𐑍 𐑁𐐫𐑉 𐑉𐐩𐑌.
𐐌 𐐶𐐲𐑆 𐑌𐐴𐑄𐐲𐑉 𐐰𐐻 𐑄 𐐸𐐪𐐻 𐑀𐐩𐐻𐑅
𐐤𐐫𐑉 𐑁𐐫𐐻 𐐮𐑌 𐑄 𐐶𐐫𐑉𐑋 𐑉𐐩𐑌
𐐤𐐫𐑉 𐑌𐐨 𐐼𐐨𐐹 𐐮𐑌 𐑄 𐑅𐐫𐑊𐐻 𐑋𐐪𐑉𐑇, 𐐸𐐨𐑂𐐮𐑍 𐐪 𐐿𐐲𐐻𐑊𐐲𐑅,
𐐒𐐮𐐻𐐲𐑌 𐐺𐐴 𐑁𐑊𐐴𐑆, 𐑁𐐫𐐻.
𐐣𐐴 𐐸𐐵𐑅 𐐮𐑆 𐐪 𐐼𐐲𐐿𐐩𐐼 𐐸𐐵𐑅,
𐐈𐑌𐐼 𐑄 𐐾𐐭 𐑅𐐿𐐶𐐪𐐻𐑅 𐐫𐑌 𐑄 𐐶𐐮𐑌𐐼𐐬 𐑅𐐮𐑊, 𐑄 𐐬𐑌𐐲𐑉,
𐐝𐐹𐐫𐑌𐐼 𐐮𐑌 𐑅𐐲𐑋 estaminet 𐐲𐑂 𐐈𐑌𐐻𐐶𐐲𐑉𐐹,
𐐒𐑊𐐮𐑅𐐻𐐲𐑉𐐼 𐐮𐑌 𐐒𐑉𐐲𐑅𐐲𐑊𐑆, 𐐹𐐰𐐽𐐻 𐐰𐑌𐐼 𐐹𐐨𐑊𐐼 𐐮𐑌 𐐢𐐲𐑌𐐼𐐲𐑌.
𐐜 𐑀𐐬𐐻 𐐿𐐫𐑁𐑅 𐐰𐐻 𐑌𐐴𐐻 𐐮𐑌 𐑄 𐑁𐐨𐑊𐐼 𐐬𐑂𐐲𐑉𐐸𐐯𐐼;
𐐡𐐪𐐿𐑅, 𐑋𐐫𐑅, 𐑅𐐻𐐬𐑌𐐿𐑉𐐪𐐹, 𐐴𐐲𐑉𐑌, 𐑋𐐯𐑉𐐼𐑆.
𐐜 𐐶𐐳𐑋𐐲𐑌 𐐿𐐨𐐹𐑅 𐑄 𐐿𐐮𐐽𐐲𐑌, 𐑋𐐩𐐿𐑅 𐐻𐐨,
𐐝𐑌𐐨𐑆𐐲𐑆 𐐰𐐻 𐐨𐑂𐑌𐐮𐑍, 𐐹𐐬𐐿𐐮𐑍 𐑄 𐐹𐐨𐑂𐐮𐑇 𐑀𐐲𐐻𐐲𐑉.
𐐌 𐐰𐑌 𐐬𐑊𐐼 𐑋𐐰𐑌,
𐐂 𐐼𐐲𐑊 𐐸𐐯𐐼 𐐲𐑋𐐲𐑍 𐐶𐐮𐑌𐐼𐐨 𐑅𐐹𐐩𐑅𐐲𐑆.

𐐝𐐴𐑌𐑆 𐐪𐑉 𐐻𐐩𐐿𐐲𐑌 𐑁𐐫𐑉 𐐶𐐲𐑌𐐼𐐲𐑉𐑆. "𐐎𐐨 𐐶𐐳𐐼 𐑅𐐨 𐐪 𐑅𐐴𐑌":
𐐜 𐐶𐐲𐑉𐐼 𐐶𐐮𐑃𐐮𐑌 𐐪 𐐶𐐲𐑉𐐼, 𐐲𐑌𐐩𐐺𐐲𐑊 𐐻𐐭 𐑅𐐹𐐨𐐿 𐐪 𐐶𐐲𐑉𐐼,
𐐝𐐶𐐪𐐼𐐲𐑊𐐼 𐐶𐐮𐑄 𐐼𐐪𐑉𐐿𐑌𐐲𐑅. 𐐆𐑌 𐑄 𐐾𐐭𐑂𐐯𐑅𐐲𐑌𐑅 𐐲𐑂 𐑄 𐐷𐐮𐑉
𐐗𐐩𐑋 𐐗𐑉𐐴𐑅𐐻 𐑄 𐐻𐐴𐑀𐐲𐑉

𐐆𐑌 𐐼𐐲𐐹𐑉𐐩𐑂𐐼 𐐣𐐩, 𐐼𐐫𐑀𐐶𐐳𐐼 𐐰𐑌𐐼 𐐽𐐯𐑅𐐻𐑌𐐲𐐻, 𐑁𐑊𐐵𐐲𐑉𐐮𐑍 𐐾𐐭𐐼𐐲𐑅,
𐐓𐐭 𐐺 𐐨𐐻𐐲𐑌, 𐐻𐐭 𐐺 𐐼𐐮𐑂𐐴𐐼𐐲𐐼, 𐐻𐐭 𐐺 𐐼𐑉𐐲𐑍𐐿
𐐊𐑋𐐲𐑍 𐐸𐐶𐐮𐑅𐐹𐐲𐑉𐑆; 𐐺𐐴 𐐣𐑉. 𐐝𐐮𐑊𐑂𐐯𐑉𐐬
𐐎𐐮𐑄 𐐿𐐲𐑉𐐯𐑅𐐮𐑍 𐐸𐐰𐑌𐐼𐑆, 𐐰𐐻 𐐢𐐮𐑋𐐬𐑈
𐐐𐐭 𐐶𐐫𐐿𐐻 𐐫𐑊 𐑌𐐴𐐻 𐐮𐑌 𐑄 𐑌𐐯𐐿𐑅𐐻 𐑉𐐭𐑋;

𐐒𐐴 𐐐𐐪𐐿𐐲𐑀𐐪𐐶𐐲, 𐐺𐐵𐐮𐑍 𐐲𐑋𐐲𐑍 𐑄 𐐓𐐮𐑇𐐲𐑌𐑆;
𐐒𐐴 Madame 𐐼𐐲 𐐓𐐫𐑉𐑌𐐿𐐶𐐮𐑅𐐻, 𐐮𐑌 𐑄 𐐼𐐪𐑉𐐿 𐑉𐐭𐑋
𐐟𐐮𐑁𐐻𐐮𐑍 𐑄 𐐿𐐰𐑌𐐼𐐲𐑊𐑆; Fraulein 𐑂𐐫𐑌 𐐗𐐲𐑊𐐹
𐐐𐐭 𐐻𐐲𐑉𐑌𐐼 𐐮𐑌 𐑄 𐐸𐐫𐑊, 𐐶𐐲𐑌 𐐸𐐰𐑌𐐼 𐐫𐑌 𐑄 𐐼𐐫𐑉.
𐐚𐐩𐐿𐐲𐑌𐐻 𐑇𐐲𐐻𐐲𐑊𐑆
𐐎𐐨𐑂 𐑄 𐐶𐐮𐑌𐐼. 𐐌 𐐸𐐰𐑂 𐑌𐐬 𐑀𐐬𐑅𐐻𐑅,
𐐈𐑌 𐐬𐑊𐐼 𐑋𐐰𐑌 𐐮𐑌 𐐪 𐐼𐑉𐐰𐑁𐐻𐐨 𐐸𐐵𐑅
𐐊𐑌𐐼𐐲𐑉 𐐪 𐐶𐐮𐑌𐐼𐐨 𐑌𐐫𐐺.

𐐈𐑁𐐻𐐲𐑉 𐑅𐐲𐐽 𐑌𐐫𐑊𐐮𐐾, 𐐸𐐶𐐲𐐻 𐑁𐐲𐑉𐑀𐐮𐑂𐑌𐐲𐑅? 𐐛𐐮𐑍𐐿 𐑌𐐵
𐐐𐐮𐑅𐐻𐐲𐑉𐐨 𐐸𐐰𐑆 𐑋𐐯𐑌𐐨 𐐿𐐲𐑌𐐮𐑍 𐐹𐐰𐑅𐐮𐐾𐐲𐑆, 𐐿𐐲𐑌𐐻𐑉𐐴𐑂𐐼 𐐿𐐫𐑉𐐮𐐼𐐫𐑉𐑆
𐐈𐑌𐐼 𐐮𐑇𐐭𐑆, 𐐼𐐲𐑅𐐨𐑂𐑆 𐐶𐐮𐑄 𐐸𐐶𐐮𐑅𐐹𐐲𐑉𐐮𐑍 𐐰𐑋𐐺𐐮𐑇𐐲𐑌𐑆,
𐐘𐐴𐐼𐑆 𐐲𐑅 𐐺𐐴 𐑂𐐰𐑌𐐮𐐻𐐨𐑆. 𐐛𐐮𐑍𐐿 𐑌𐐵
𐐟𐐨 𐑀𐐮𐑂𐑆 𐐸𐐶𐐯𐑌 𐐵𐑉 𐐲𐐻𐐯𐑌𐑇𐐲𐑌 𐐮𐑆 𐐼𐐮𐑅𐐻𐑉𐐰𐐿𐐻𐐲𐐼
𐐈𐑌𐐼 𐐸𐐶𐐲𐐻 𐑇𐐨 𐑀𐐮𐑂𐑆, 𐑀𐐮𐑂𐑆 𐐶𐐮𐑄 𐑅𐐲𐐽 𐑅𐐲𐐹𐐲𐑊 𐐿𐐲𐑌𐑁𐐷𐐭𐑈𐐲𐑌𐑆
𐐜𐐰𐐻 𐑄 𐑀𐐮𐑂𐐮𐑍 𐑁𐐰𐑋𐐮𐑇𐐲𐑆 𐑄 𐐿𐑉𐐩𐑂𐐮𐑍. 𐐘𐐮𐑂𐑆 𐐻𐐭 𐑊𐐩𐐻
𐐐𐐶𐐲𐐻'𐑅 𐑌𐐫𐐻 𐐺𐐲𐑊𐐨𐑂𐐼 𐐮𐑌, 𐐫𐑉 𐐮𐑁 𐑅𐐻𐐮𐑊 𐐺𐐲𐑊𐐨𐑂𐐼,
𐐆𐑌 𐑋𐐯𐑋𐐲𐑉𐐨 𐐬𐑌𐑊𐐨, 𐑉𐐨𐐿𐐲𐑌𐑅𐐮𐐼𐐲𐑉𐐼 𐐹𐐰𐑇𐐲𐑌. 𐐘𐐮𐑂𐑆 𐐻𐐭 𐑅𐐭𐑌
𐐆𐑌𐐻𐐭 𐐶𐐨𐐿 𐐸𐐰𐑌𐐼𐑆, 𐐸𐐶𐐲𐐻'𐑅 𐑃𐐫𐐻 𐐿𐐰𐑌 𐐺 𐐼𐐮𐑅𐐹𐐯𐑌𐑅𐐻 𐐶𐐮𐑄
𐐓𐐮𐑊 𐑄 𐑉𐐲𐑁𐐷𐐭𐑆𐐲𐑊 𐐹𐑉𐐫𐐹𐐲𐑀𐐩𐐻𐑅 𐐪 𐑁𐐮𐑉. 𐐛𐐮𐑍𐐿
𐐤𐐨𐑄𐐲𐑉 𐑁𐐮𐑉 𐑌𐐫𐑉 𐐿𐐲𐑉𐐮𐐾 𐑅𐐩𐑂𐑆 𐐲𐑅. 𐐊𐑌𐑌𐐰𐐽𐐲𐑉𐐲𐑊 𐑂𐐴𐑅𐐮𐑆
𐐂𐑉 𐑁𐐪𐑄𐐲𐑉𐐼 𐐺𐐴 𐐵𐑉 𐐸𐐯𐑉𐐬𐐶𐐮𐑆𐑋. 𐐚𐐲𐑉𐐽𐐭𐑆
𐐂𐑉 𐑁𐐫𐑉𐑅𐐻 𐐲𐐹𐐫𐑌 𐐲𐑅 𐐺𐐴 𐐵𐑉 𐐮𐑋𐐹𐐷𐐭𐐼𐐲𐑌𐐻 𐐿𐑉𐐴𐑋𐑆.

...—nil nisi divinum stabile est; caetera fumus—...

5

10

15

20

This page is in a constructed/unknown script and cannot be transliterated reliably into Latin characters.

𐐖𐐰𐐿𐑌𐐴𐑁𐑅 𐐲𐐹𐐶𐐲𐑉𐐼 𐐰𐐻 𐑄 𐑌𐐨𐑆
𐐜𐐯𐑌 𐑅𐐻𐑉𐐩𐐻𐐲𐑌𐑆 𐐵𐐻 𐑁𐑉𐐲𐑋 𐐸𐐨𐑊 𐐻𐐭 𐐸𐐮𐐹
𐐑𐐳𐑇𐐮𐑍 𐑄 𐑁𐑉𐐩𐑋𐐶𐐲𐑉𐐿 𐐲𐑂 𐑄 𐐺𐐯𐐼
𐐈𐑌𐐼 𐐿𐑊𐐫𐐮𐑍 𐐰𐐻 𐑄 𐐹𐐮𐑊𐐬 𐑅𐑊𐐮𐐹.

𐐝𐐶𐐨𐑌𐐨 𐐰𐐼𐑉𐐯𐑅𐐻 𐑁𐐳𐑊 𐑊𐐯𐑍𐑃 𐐻𐐭 𐑇𐐩𐑂
𐐒𐑉𐐫𐐼𐐺𐐱𐐻𐐲𐑋𐐼, 𐐹𐐮𐑍𐐿 𐑁𐑉𐐲𐑋 𐑌𐐩𐐹 𐐻𐐭 𐐺𐐩𐑅,
𐐤𐐬𐑆 𐑄 𐑁𐐨𐑋𐐩𐑊 𐐻𐐯𐑋𐐹𐐲𐑉𐐲𐑋𐐲𐑌𐐻
𐐈𐑌𐐼 𐐶𐐴𐐹𐑅 𐑄 𐑅𐐲𐐼𐑆 𐐲𐑉𐐵𐑌𐐼 𐐸𐐮𐑆 𐑁𐐩𐑅.

(𐐜 𐑊𐐯𐑍𐑃𐐲𐑌𐐼 𐑇𐐰𐐼𐐬 𐐲𐑂 𐐲 𐑋𐐰𐑌
𐐆𐑆 𐐸𐐮𐑅𐐻𐐲𐑉𐐨, 𐑅𐐯𐐼 𐐇𐑋𐐲𐑉𐑅𐐲𐑌
𐐐𐐭 𐐸𐐰𐐼 𐑌𐐱𐐻 𐑅𐐨𐑌 𐑄 𐑅𐐮𐑊𐐭𐐯𐐻
𐐊𐑂 𐐝𐐶𐐨𐑌𐐨 𐑅𐐻𐑉𐐰𐐼𐐲𐑊𐐼 𐐮𐑌 𐑄 𐑅𐐲𐑌).

𐐓𐐯𐑅𐐻𐑅 𐑄 𐑉𐐩𐑆𐐲𐑉 𐐱𐑌 𐐸𐐮𐑆 𐑊𐐯𐑀
𐐎𐐩𐐻𐐮𐑍 𐐲𐑌𐐻𐐮𐑊 𐑄 𐑇𐑉𐐨𐐿 𐑅𐐲𐐺𐑅𐐴𐐼𐑆.
𐐜 𐐯𐐹𐐮𐑊𐐯𐐹𐐻𐐮𐐿 𐐱𐑌 𐑄 𐐺𐐯𐐼
𐐗𐐲𐑉𐑂𐑆 𐐺𐐰𐐿𐐶𐐲𐑉𐐼, 𐐿𐑊𐐲𐐽𐐮𐑍 𐐰𐐻 𐐸𐐲𐑉 𐑅𐐴𐐼𐑆.

𐐜 𐑊𐐩𐐼𐐨𐑆 𐐲𐑂 𐑄 𐐿𐐫𐑉𐐮𐐼𐐫𐑉
𐐙𐐴𐑌𐐼 𐑄𐐯𐑋𐑅𐐯𐑊𐑂𐑆 𐐮𐑌𐑂𐐱𐑊𐑂𐐼, 𐐼𐐮𐑅𐑀𐑉𐐩𐑅𐐻,
𐐗𐐫𐑊 𐐶𐐮𐐻𐑌𐐯𐑅 𐐻𐐭 𐑄𐐩𐑉 𐐹𐑉𐐮𐑌𐑅𐐲𐐹𐐲𐑊𐑆
𐐈𐑌𐐼 𐐼𐐯𐐹𐑉𐐲𐐿𐐩𐐻 𐑄 𐑊𐐰𐐿 𐐲𐑂 𐐻𐐩𐑅𐐻

𐐉𐐺𐑆𐐲𐑉𐑂𐐮𐑍 𐑄𐐰𐐻 𐐸𐐮𐑅𐐻𐐯𐑉𐐨𐐲
𐐣𐐴𐐻 𐐨𐑆𐐮𐑊𐐨 𐐺𐐨 𐑋𐐮𐑅𐐲𐑌𐐼𐐲𐑉𐑅𐐻𐐳𐐼;
𐐣𐐮𐑅. 𐐓𐐲𐑉𐑌𐐲𐑉 𐐮𐑌𐐻𐐮𐑋𐐩𐐻𐑅
𐐆𐐻 𐐼𐐲𐑆 𐑄 𐐸𐐵𐑅 𐑌𐐬 𐑅𐐫𐑉𐐻 𐐲𐑂 𐑀𐐳𐐼.

𐐒𐐲𐐻 𐐔𐐫𐑉𐐮𐑅, 𐐻𐐵𐐲𐑊𐐼 𐑁𐑉𐐲𐑋 𐑄 𐐺𐐪𐑃,
𐐇𐑌𐐻𐐲𐑉𐑆 𐐹𐐰𐐼𐐮𐑍 𐐱𐑌 𐐺𐑉𐐫𐐼 𐑁𐐨𐐻,
𐐒𐑉𐐮𐑍𐐮𐑍 𐑅𐐰𐑊 𐑂𐐬𐑊𐐰𐐻𐐮𐑊𐐨
𐐈𐑌𐐼 𐐲 𐑀𐑊𐐪𐑅 𐐲𐑂 𐐺𐑉𐐰𐑌𐐼𐐨 𐑌𐐨𐐻.

*En l'an trentiesme de mon aage
Que toutes mes hontes j'ay beues…*

Le Directeur

Malheur à la malheureuse Tamise
Qui coule si pres du Spectateur.
Le directeur
Conservateur
Du Spectateur
Empeste la brise.
Les actionnaires
Réactionnaires
Du Spectateur
Conservateur
Bras dessus bras dessous
Font des tours
A pas de loup.
Dans un égout
Une petite fille
En guenilles
Camarde
Regarde
Le directeur
Du Spectateur
Conservateur
Et crève d'amour.

Mélange adultère de tout

En Amerique, professeur;
En Angleterre, journaliste;
C'est à grands pas et en sueur
Que vous suivrez à peine ma piste.
En Yorkshire, conferencier;
A Londres, un peu banquier,
Vous me paierez bien la tête.
C'est à Paris que je me coiffe
Casque noir de jemenfoutiste.
En Allemagne, philosophe
Surexcité par Emporheben
Au grand air de Bergsteigleben;
J'erre toujours de-ci de-là
A divers coups de tra la la
De Damas jusqu'à Omaha.
Je celebrai mon jour de fête
Dans une oasis d'Afrique
Vêtu d'une peau de girafe.

On montrera mon cénotaphe
Aux côtes brûlantes de Mozambique.

Lune de Miel

Ils ont vu les Pays-Bas, ils rentrent à Terre Haute;
Mais une nuit d'été, les voici à Ravenne,
A l'sur le dos écartant les genoux
De quatre jambes molles tout gonflées de
 morsures.
On relève le drap pour mieux égratigner.
Moins d'une lieue d'ici est Saint Apollinaire
In Classe, basilique connue des amateurs
De chapitaux d'acanthe que touraoie le vent.

Ils vont prendre le train de huit heures

10   Prolonger leurs misères de Padoue à Milan
     Ou se trouvent le Cène, et un restaurant pas cher.
     Lui pense aux pourboires, et redige son bilan.
     Ils auront vu la Suisse et traversé la France.
     Et Saint Apollinaire, raide et ascétique,
15   Vieille usine désaffectée de Dieu, tient encore
     Dans ses pierres écroulantes la forme precise de
          Byzance.

Similiter et omnes revereantur Diaconos, ut mandatum Jesu Christi; et Episcopum, ut Jesum Christum, existentem filium Patris; Presbyteros autem, ut concilium Dei et conjunctionem Apostolorum. Sine his Ecclesia non vocatur; de quibus suadeo vos sic habeo.

S. Ignatii ad Trallianos.

(The page is printed in a non-Latin phonetic/shorthand script that cannot be reliably transliterated.)

Dans le Restaurant

Le garçon délabré qui n'a rien à faire
Que de se gratter les doigts et se pencher sur mon épaule:
"Dans mon pays il fera temps pluvieux,
Du vent, du grand soleil, et de la pluie;
C'est ce qu'on appelle le jour de lessive des gueux."
(Bavard, baveux, à la croupe arrondie,
Je te prie, au moins, ne bave pas dans la soupe).
"Les saules trempés, et des bourgeons sur les ronces—
C'est là, dans une averse, qu'on s'abrite.
J'avais sept ans, elle était plus petite.
Elle était toute mouillée, je lui ai donné des primevères."
Les taches de son gilet montent au chiffre de trentehuit.
"Je la chatouillais, pour la faire rire.
J'éprouvais un instant de puissance et de délire."

Mais alors, vieux lubrique, à cet âge…
"Monsieur, le fait est dur.
Il est venu, nous peloter, un gros chien;
Moi j'avais peur, je l'ai quittée à mi-chemin.
C'est dommage."
Mais alors, tu as ton vautour!

Va t'en te décrotter les rides du visage;
Tiens, ma fourchette, décrasse-toi le crâne.
De quel droit payes-tu des expériences comme moi?
Tiens, voilà dix sous, pour la salle-de-bains.

Phlébas, le Phénicien, pendant quinze jours noyé,

Oubliait les cris des mouettes et la houle de
    Cornouaille,
Et les profits et les pertes, et la cargaison d'étain:
Un courant de sous-mer l'emporta très loin,
Le repassant aux étapes de sa vie antérieure.
30 Figurez-vous donc, c'était un sort pénible;
Cependant, ce fut jadis un bel homme, de haute
    taille.

The text on this page is primarily in a constructed or non-Latin script that cannot be reliably transcribed. Only the clearly legible Latin-script elements and page structure are reproduced below.

Line 24: ...maisonette;

(Line numbers visible: 25, 30, 5, 10)

ὤμοι, πέπληγμαι καιρίαν πληγὴν ἔσω.

40

Nam Sibyllam quidem Cumis ego ipse oculis meis vidi in ampulla pendere, et cum illi pueri dicerent: "Σίβυλλα τί ἐλεις"; respondebat illa: "ἀποθανεῖν ἐλω"

I.

5

10   Bin gar keine Russin, stamm' aus Litauen, echt
     deutsch.

15

𐐍𐐻 𐐲𐑂 𐑄𐐮𐑅 𐑅𐐻𐐬𐑌𐐨 𐑉𐐲𐐺𐐮𐑇? 𐐝𐐲𐑌 𐐲𐑂 𐑋𐐰𐑌,
𐐏𐐭 𐐿𐐰𐑌𐐱𐐻 𐑅𐐩, 𐐫𐑉 𐑀𐐯𐑅, 𐑁𐐫𐑉 𐐷𐐭 𐑌𐐬 𐐬𐑌𐑊𐐨
𐐀 𐐸𐐨𐐹 𐐲𐑂 𐐺𐑉𐐬𐐿𐐲𐑌 𐐮𐑋𐐲𐐾𐐲𐑆, 𐐸𐐶𐐯𐑉 𐑄 𐑅𐐲𐑌 𐐺𐐨𐐻𐑅,
𐐈𐑌𐐼 𐑄 𐐼𐐯𐐼 𐐻𐑉𐐨 𐑀𐐮𐑂𐑆 𐑌𐐬 𐑇𐐯𐑊𐐻𐐲𐑉, 𐑄 𐐿𐑉𐐮𐐿𐐲𐐻 𐑌𐐬 𐑉𐐲𐑊𐐨𐑁,
𐐈𐑌𐐼 𐑄 𐐼𐑉𐐴 𐑅𐐻𐐬𐑌 𐑌𐐬 𐑅𐐵𐑌𐐼 𐐲𐑂 𐐶𐐫𐐻𐐲𐑉. 𐐄𐑌𐑊𐐨
𐐜𐐯𐑉 𐐮𐑆 𐑇𐐰𐐼𐐬 𐐲𐑌𐐼𐐲𐑉 𐑄𐐮𐑅 𐑉𐐯𐐼 𐑉𐐱𐐿,
(𐐗𐐲𐑋 𐐮𐑌 𐐲𐑌𐐼𐐲𐑉 𐑄 𐑇𐐰𐐼𐐬 𐐲𐑂 𐑄𐐮𐑅 𐑉𐐯𐐼 𐑉𐐱𐐿),
𐐈𐑌𐐼 𐐌 𐐶𐐮𐑊 𐑇𐐬 𐐷𐐭 𐑅𐐲𐑋𐑃𐐮𐑍 𐐼𐐮𐑁𐐲𐑉𐐲𐑌𐐻 𐑁𐑉𐐲𐑋 𐐴𐑄𐐲𐑉
𐐏𐐫𐑉 𐑇𐐰𐐼𐐬 𐐰𐐻 𐑋𐐫𐑉𐑌𐐮𐑍 𐑅𐐻𐑉𐐴𐐼𐐮𐑍 𐐺𐐲𐐸𐐴𐑌𐐼 𐐷𐐭
𐐃𐑉 𐐷𐐫𐑉 𐑇𐐰𐐼𐐬 𐐰𐐻 𐐨𐑂𐑌𐐮𐑍 𐑉𐐴𐑆𐐮𐑍 𐐻𐐭 𐑋𐐨𐐻 𐐷𐐭;
𐐌 𐐶𐐮𐑊 𐑇𐐬 𐐷𐐭 𐑁𐐮𐑉 𐐮𐑌 𐐨 𐐸𐐰𐑌𐐼𐑁𐐳𐑊 𐐲𐑂 𐐼𐐲𐑅𐐻.
    Frisch weht der Wind
    Der Heimat zu
    Mein Irisch Kind,
    Wo weilest du?
“𐐏𐐭 𐑀𐐩𐑂 𐑋𐐨 𐐸𐐴𐐲𐑅𐐮𐑌𐑃𐑅 𐑁𐐲𐑉𐑅𐐻 𐐨 𐐷𐐮𐑉 𐐲𐑀𐐬;
“𐐜𐐩 𐐿𐐫𐑊𐐼 𐑋𐐨 𐑄 𐐸𐐴𐐲𐑅𐐮𐑌𐑃 𐑀𐐲𐑉𐑊.”
—𐐏𐐯𐐻 𐐸𐐶𐐯𐑌 𐐶𐐨 𐐿𐐩𐑋 𐐺𐐰𐐿, 𐑊𐐩𐐻, 𐑁𐑉𐐲𐑋 𐑄 𐐐𐐴𐐲𐑅𐐮𐑌𐑃 𐑀𐐪𐑉𐐼𐐲𐑌,
𐐏𐐫𐑉 𐐪𐑉𐑋𐑆 𐑁𐐳𐑊, 𐐰𐑌𐐼 𐐷𐐫𐑉 𐐸𐐯𐑉 𐐶𐐯𐐻, 𐐌 𐐿𐐳𐐼 𐑌𐐱𐐻
𐐝𐐹𐐨𐐿, 𐐰𐑌𐐼 𐑋𐐴 𐐴𐑆 𐑁𐐩𐑊𐐼, 𐐌 𐐶𐐲𐑆 𐑌𐐴𐑄𐐲𐑉
𐐢𐐮𐑂𐐮𐑍 𐑌𐐫𐑉 𐐼𐐯𐐼, 𐐰𐑌𐐼 𐐌 𐑌𐐭 𐑌𐐲𐑃𐐮𐑍,
𐐢𐐳𐐿𐐮𐑍 𐐮𐑌𐐻𐐭 𐑄 𐐸𐐪𐑉𐐻 𐐲𐑂 𐑊𐐴𐐻, 𐑄 𐑅𐐴𐑊𐐲𐑌𐑅.
Oed’ und leer das Meer.

    Madame 𐐝𐐲𐑅𐐱𐑅𐐻𐑉𐐮𐑅, 𐑁𐐩𐑋𐐲𐑅 clairvoyante,
𐐐𐐰𐐼 𐐨 𐐺𐐰𐐼 𐐿𐐬𐑊𐐼, 𐑌𐐯𐑂𐐲𐑉𐑄𐐲𐑊𐐯𐑅
𐐆𐑆 𐑌𐐬𐑌 𐐻𐐭 𐐺 𐑄 𐐶𐐴𐑆𐐲𐑅𐐻 𐐶𐐳𐑋𐐲𐑌 𐐮𐑌 𐐏𐐳𐑉𐐲𐐹,
𐐎𐐮𐑄 𐐨 𐐶𐐮𐐿𐐲𐐼 𐐹𐐰𐐿 𐐲𐑂 𐐿𐐪𐑉𐐼𐑆. 𐐐𐐮𐑉, 𐑅𐐯𐐼 𐑇𐐨,
𐐆𐑆 𐐷𐐫𐑉 𐐿𐐪𐑉𐐼, 𐑄 𐐼𐑉𐐵𐑌𐐼 𐐙𐐲𐑌𐐨𐑇𐐲𐑌 𐐝𐐩𐑊𐐲𐑉,
(𐐜𐐬𐑆 𐐪𐑉 𐐹𐐲𐑉𐑊𐑆 𐑄𐐰𐐻 𐐶𐐲𐑉 𐐸𐐮𐑆 𐐴𐑆. 𐐢𐐳𐐿!)
𐐐𐐮𐑉 𐐮𐑆 𐐒𐐯𐑊𐐲𐐼𐐱𐑌𐐲, 𐑄 𐐢𐐩𐐼𐐨 𐐲𐑂 𐑄 𐐡𐐱𐐿𐑅,
𐐜 𐑊𐐩𐐼𐐨 𐐲𐑂 𐑅𐐮𐐽𐐭𐐩𐑇𐐲𐑌𐑆.
𐐐𐐮𐑉 𐐮𐑆 𐑄 𐑋𐐰𐑌 𐐶𐐮𐑄 𐑃𐑉𐐨 𐑅𐐻𐐩𐑂𐑆, 𐐰𐑌𐐼 𐐸𐐮𐑉 𐑄 𐐐𐐶𐐨𐑊,
𐐈𐑌𐐼 𐐸𐐮𐑉 𐐮𐑆 𐑄 𐐶𐐲𐑌-𐐴𐐼 𐑋𐐲𐑉𐐽𐐲𐑌𐐻, 𐐰𐑌𐐼 𐑄𐐮𐑅 𐐿𐐪𐑉𐐼,
𐐐𐐶𐐮𐐽 𐐮𐑆 𐐺𐑊𐐰𐑍𐐿, 𐐮𐑆 𐑅𐐲𐑋𐑃𐐮𐑍 𐐸𐐨 𐐿𐐯𐑉𐐨𐑆 𐐱𐑌 𐐸𐐮𐑆 𐐺𐐰𐐿,
𐐐𐐶𐐮𐐽 𐐌 𐐰𐑋 𐑁𐐫𐑉𐐺𐐮𐐼𐐲𐑌 𐐻𐐭 𐑅𐐨. 𐐌 𐐼𐐭 𐑌𐐱𐐻 𐑁𐐴𐑌𐐼
𐐜 𐐐𐐰𐑍𐐼 𐐣𐐰𐑌. 𐐙𐐮𐑉 𐐼𐐯𐑃 𐐺𐐴 𐐶𐐫𐐻𐐲𐑉.

"—mon semblable,—mon frère!"

(This page is printed in a constructed/phonetic script that cannot be reliably transliterated.)

"Ⰰⱉ
"Ⰳⱉ ⱈⱁ ⱀⱃⱂⰻⱀ? Ⰰⱉ ⱎⱉ ⰸⱀ ⱀⱃⱂⰻⱀ? Ⰰⱉ ⱎⱉ ⱇⱏⱁⰱⱁⰰⱃⱇ
"ⱀⱃⱂⰻⱀ?"

ⱉ ⱇⱏⱁⰱⱁⰰⱃⱇ
ⰺⱉⰱ ⱁⱇ ⱅⱃⱇⰺⰽ ⱀⰺⱀ ⱎⱃⱇ ⱇⰺⰶ ⱈⱏⰶ.
"Ⱁⱇ ⱎⱉ ⱃⰺⱈⰸ, ⱁⱇ ⱀⰸⱀ? Ⱶⰶ ⰺⰰⱇ ⱀⱃⱂⰻⱀ ⰻⱄ ⱎⱁⱇ ⱇⰺⰴ?"
Ⰰⱃⱀ
Ο Ο Ο Ο ⰺⱀ Ⰴⰴⱉⱄⱅⱃⱇⰰⱇⱁⱃⱀ Ⱇⱈⱉ—
Ⱶⱀ'ⰸ ⰸⱁ ⰴⱞⱞⱄⱀⱀ
ⰸⱁ ⰺⱀⰴⰼⰺⱅⱃⱞⱀ
"Ⱇⱔⱃⱀ ⰱⱁⱀ ⱉ ⰴⱉ ⱀⱉ? Ⱇⱔⱃⱀ ⰱⱁⱀ ⱉ ⰴⱉ?"
ⱉ ⰱⱁⱀ ⱇⱃⰱ ⱉⱀ ⰹⰶ ⱉ ⰹⱄ, ⰺⱈⰴ ⱍⱉⱃ ⰺ ⰸⰶⰴⱉⱀ
"Ⱖⰺⰺ ⱁⱉ ⱇⱇⱇ ⰴⱄⱀ, ⰸⱁ. Ⱇⱔⱃⱀ ⰱⱁⱀ ⰺⱉ ⰴⱉ ⰺⱏⱁⰰⱇⱁ?
"Ⱇⱔⱃⱀ ⰱⱁⱀ ⰺⱉ ⰴⰸⱃⱇ ⰴⱉ?"
Ⰺ ⱇⰸⰺ ⰺⱉⰺⱃⱇ ⰺⰺ ⰺⰴⱈ.
ⰺⱈⰴ ⰹⱃ ⰺⰺ ⱇⰹⱈⱈ, ⰸ ⰼⰴⰸⰴ ⰼⱉⱇ ⰺⰺ ⱃⱁⱇ.
ⰺⱈⰴ ⱎⱁ ⰱⱁⱀ ⱅⰺⰨ ⰸ ⱞⰺⱁ ⱃⰸ ⰿⰴⰸ,
Ⱇⱇⰴⰸⰺⰺ ⰻⰴⰺⱃⰸ ⱞⰶ ⰺⱈⰴ ⰼⰴⱈⰺⰺ ⱃⱁⱇ ⰸ ⱈⰸⱒ ⱃⱅⰸⱈ ⰺ ⱁⱁⱇ.

Ⱇⱔⰴⱈ ⰶⰹ'ⰸ ⱇⱃⰹⰸⱃⱈⱈ ⱞⱉⱀ ⰴⱉⱁⰴⰸⰴ, ⱉ ⰸⰰⱈ—
ⱉ ⰴⰺⰴⱈ'ⰺ ⱁⱈⰸ ⱁⱉ ⱀⱃⱇⰴⰸ, ⱉ ⰸⰰⱈ ⰺⱉ ⱇⱃⱇ ⱁⱉⰸⰰⰺⰸ,
Ⱇⰺⱇⱁ ⱃⰺ Ⱇⱁⰶ Ⱀⰺ'ⰸ ⰺⰨⱁ
Ⱀⱈ ⰺⰻⰰⱃⱇⰺ'ⰸ ⱁⱉⱈⰺⰺ ⰸⰺⱁⰶ, ⱁⰺⱅ ⰺⱁⱇⰸⰰⰺⰸ ⰸ ⰸⰺⱀ ⰸⱁⰸⱇⰺ.
Ⱇⱒ'ⰺ ⰺⱁⱀⰺ ⰺⱉ ⱈⱁ ⱇⱔⱃⱀ ⱎⱉ ⰴⱀⱈ ⱕⰺⰺ ⰺⰺⱀ ⱁⱃⱈⱃ ⱇⱄ ⱞⱄⰸ
   ⱎⱉ
ⱅⱉ ⱞⱈⱀ ⱎⱉⱇⰸⰰⰺⱃ ⰸⱃⱁ ⱀⱂⰺ. Ⱇⱅ ⰴⰺⰴ, ⱉ ⱎⱃⰸ ⰺⱇⱇ.
Ⰺⱉ ⱇⱈⰸ ⰺⰰⱁ ⱁⰺ ⱁⱏ, [ⱐⰺ, ⰺⱈⰴ ⱞⱈⱁⰺ ⰸ ⰺⱁⰨⰸ ⰸⰰⱈ,
Ⱇⱒ ⰸⰰⱈ, ⱉ ⰸⱒⰰⱇ, ⱉ ⱞⰺⱐⱀⰺ ⰸⰰⱇ ⱁⱇ ⱐⰶⱒ ⰺⱀ ⰺⱉ.
ⰺⱈⰴ ⱈⱁ ⱁⱁⱇ ⱞⰺⱐⰺ ⱁ, ⱉ ⰸⰰⱈ, ⰺⱈⰴ ⰸⱁⰺⰺ ⱃⰸ ⱅⰰⱇ
   Ⰻⰺⰰⱃⱇⰺ,
Ⱇⱒ'ⰸ ⰸⰺⱀ ⰻⰺ ⰺ ⱁⱈⱁⱉ ⱃⱁⱇ ⱕⰺⰨ, ⱇⱒ ⰺⱁⱀⰺ ⰸ ⱞⱆⰴ ⱀⱈⱉ,
ⰺⱈⰴ ⰹⱃ ⱎⱉ ⰴⱉⱒⱁ ⱞⰺⰸ ⰺⱂ ⱇⰺⱉ, ⰺⱇⱇ'ⰸ ⱃⱕⱃⱇⰸ ⱁⱃⱐ, ⱉ
   ⰸⰰⱈ.
Ο ⰺⰸ ⰺⱇⱇ, ⰱⱉ ⰸⰰⱈ. Ⰸⱏⱁⰻⰺⰺ ⱃ' ⰺⱀ, ⱉ ⰸⰰⱈ.
Ⰺⰴⱈ ⱉⰺⰺ ⱈⱁ ⱇⱉ ⰺⱉ ⰴⰻⱒⰿ, ⰱⱉ ⰸⰰⱈ, ⰺⱈⰴ ⱞⱐⰸ ⱁⰸ ⰸ ⰸⰺⱇⱃⰺ
   ⱐⰼⱒ.
Ⱇⱅⱇⱁ ⱃⰺ Ⱇⱁⰶ Ⱀⰺ'ⰸ ⰺⰨⱁ

[Page content is in an undeciphered/constructed script and cannot be reliably transcribed, except for the French line:]

200   Et O ces voix d'enfants, chantant dans la coupole!

𐐟𐐨 𐐻𐐲𐑉𐑌𐑆 𐐰𐑌𐐼 𐑊𐐳𐐿𐑅 𐐪 𐑋𐐬𐑋𐐲𐑌𐐻 𐐮𐑌 𐑄 𐑀𐑊𐐰𐑅,
𐐐𐐫𐑉𐐼𐑊𐐨 𐐲𐐶𐐯𐑉 𐐲𐑂 𐐸𐐲𐑉 𐐼𐐲𐐹𐐫𐑉𐐻𐐲𐐼 𐑊𐐲𐑂𐐲𐑉;
𐐐𐐲𐑉 𐐺𐑉𐐩𐑌 𐐲𐑊𐐵𐑆 𐐶𐐲𐑌 𐐸𐐰𐑁-𐑁𐐫𐑉𐑋𐐼 𐑃𐐫𐐻 𐐻𐐭 𐐹𐐰𐑅:
“𐐎𐐯𐑊 𐑌𐐵 𐑄𐐰𐐻’𐑅 𐐼𐐲𐑌: 𐐰𐑌𐐼 𐐌’𐑋 𐑀𐑊𐐰𐐼 𐐮𐐻’𐑅 𐐬𐑂𐐲𐑉.”
𐐐𐐶𐐯𐑌 𐑊𐐲𐑂𐑊𐐨 𐐶𐐳𐑋𐐲𐑌 𐑅𐐻𐐭𐐹𐑅 𐐻𐐭 𐑁𐐫𐑊𐐨 𐐰𐑌𐐼
𐐑𐐩𐑅𐐲𐑆 𐐲𐐺𐐵𐐻 𐐸𐐲𐑉 𐑉𐐭𐑋 𐐲𐑀𐐯𐑌, 𐐲𐑊𐐬𐑌,
𐐟𐐨 𐑅𐑋𐐭𐑄𐑆 𐐸𐐲𐑉 𐐸𐐯𐑉 𐐶𐐮𐑄 𐐫𐐻𐐲𐑋𐐰𐐻𐐮𐐿 𐐸𐐰𐑌𐐼,
𐐈𐑌𐐼 𐐹𐐳𐐻𐑅 𐐪 𐑉𐐯𐐿𐐲𐑉𐐼 𐐫𐑌 𐑄 𐑀𐑉𐐰𐑋𐐲𐑁𐐬𐑌.

“𐐜𐐮𐑅 𐑋𐐷𐐭𐑆𐐮𐐿 𐐿𐑉𐐯𐐹𐐻 𐐺𐐴 𐑋𐐨 𐐲𐐹𐐫𐑌 𐑄 𐐶𐐫𐐻𐐲𐑉𐑆”
𐐈𐑌𐐼 𐐲𐑊𐐫𐑍 𐑄 𐐝𐐻𐑉𐐰𐑌𐐼, 𐐲𐐹 𐐗𐐶𐐨𐑌 𐐚𐐮𐐿𐐻𐐫𐑉𐐨𐐲 𐐝𐐻𐑉𐐨𐐻.
𐐄 𐐝𐐮𐐻𐐨 𐑅𐐮𐐻𐐨, 𐐌 𐐿𐐰𐑌 𐑅𐐲𐑋𐐻𐐴𐑋𐑆 𐐸𐐮𐑉
𐐒𐐲𐑅𐐴𐐼 𐐪 𐐹𐐲𐐺𐑊𐐮𐐿 𐐺𐐫𐑉 𐐮𐑌 𐐢𐐬𐐲𐑉 𐐓𐐯𐑋𐑆 𐐝𐐻𐑉𐐨𐐻,
𐐜 𐐹𐑊𐐯𐑆𐐲𐑌𐐻 𐐸𐐶𐐴𐑌𐐮𐑍 𐐲𐑂 𐐪 𐑋𐐰𐑌𐐼𐐲𐑊𐐮𐑌
𐐈𐑌𐐼 𐐪 𐐿𐑊𐐰𐐻𐐲𐑉 𐐰𐑌𐐼 𐐪 𐐽𐐰𐐻𐐲𐑉 𐑁𐑉𐐲𐑋 𐐶𐐮𐑃𐐮𐑌
𐐐𐐶𐐯𐑉 𐑁𐐮𐑇𐑋𐐯𐑌 𐑊𐐵𐑌𐐾 𐐰𐐻 𐑌𐐭𐑌: 𐐸𐐶𐐯𐑉 𐑄 𐐶𐐫𐑊𐑆
𐐊𐑂 𐐣𐐰𐑀𐑌𐐲𐑅 𐐣𐐫𐑉𐐻𐐲𐑉 𐐸𐐬𐑊𐐼
𐐆𐑌𐐮𐐿𐑅𐐹𐑊𐐮𐐿𐐲𐐺𐐲𐑊 𐑅𐐹𐑊𐐯𐑌𐐼𐐲𐑉 𐐲𐑂 𐐌𐐬𐑌𐐨𐐲𐑌 𐐸𐐶𐐴𐐻 𐐰𐑌𐐼 𐑀𐐬𐑊𐐼.

𐐜 𐑉𐐮𐑂𐐲𐑉 𐑅𐐶𐐯𐐻𐑅
𐐃𐐮𐑊 𐐰𐑌𐐼 𐐻𐐫𐑉
𐐜 𐐺𐐫𐑉𐐾𐐲𐑆 𐐼𐑉𐐮𐑁𐐻
𐐎𐐮𐑄 𐑄 𐐻𐐲𐑉𐑌𐐮𐑍 𐐻𐐴𐐼
𐐡𐐯𐐼 𐑅𐐩𐑊𐑆
𐐎𐐴𐐼
𐐓𐐭 𐑊𐐨𐐶𐐲𐑉𐐼, 𐑅𐐶𐐮𐑍 𐐫𐑌 𐑄 𐐸𐐯𐑂𐐨 𐑅𐐹𐐫𐑉.
𐐜 𐐺𐐫𐑉𐐾𐐲𐑆 𐐶𐐫𐑇
𐐔𐑉𐐮𐑁𐐻𐐮𐑍 𐑊𐐫𐑀𐑆
𐐔𐐵𐑌 𐐘𐑉𐐨𐑌𐐮𐐾 𐑉𐐨𐐽
𐐑𐐰𐑅𐐻 𐑄 𐐌𐑊 𐐲𐑂 𐐔𐐫𐑀𐑆.
𐐎𐐩𐐲𐑊𐐫𐑊𐐫 𐑊𐐩𐐲
𐐎𐐫𐑊𐐫𐑊𐐲 𐑊𐐩𐐲𐑊𐐫𐑊𐐫

𐐆𐑊𐐮𐑆𐐲𐐺𐐲𐑃 𐐰𐑌𐐼 𐐢𐐯𐑅𐐻𐐲𐑉
𐐒𐐨𐐻𐐮𐑍 𐐫𐑉𐑆
𐐜 𐑅𐐻𐐲𐑉𐑌 𐐶𐐲𐑆 𐑁𐐫𐑉𐑋𐐼
𐐂 𐑀𐐮𐑊𐐼𐐲𐐼 𐑇𐐯𐑊

[This page is written in an invented/constructed script (Tolkien's Tengwar or similar) and cannot be transcribed into Latin characters reliably.]

The page is written in an unidentified constructed or undeciphered script and cannot be transcribed into Latin characters.

𐐂 𐐶𐐳𐑋𐐲𐑌 𐐼𐑉𐐭 𐐸𐐲𐑉 𐑊𐐱𐑍 𐐺𐑊𐐰𐐿 𐐸𐐯𐑉 𐐵𐐻 𐐻𐐴𐐻
𐐈𐑌𐐼 𐑁𐐮𐐼𐐲𐑊𐐼 𐐸𐐶𐐮𐑅𐐹𐐲𐑉 𐑋𐐷𐐭𐑆𐐮𐐿 𐐱𐑌 𐑄𐐬𐑆 𐑅𐐻𐑉𐐮𐑍𐑆
𐐈𐑌𐐼 𐐺𐐰𐐻𐑅 𐐶𐐮𐑄 𐐺𐐩𐐺𐐨 𐑁𐐩𐑅𐐲𐑆 𐐮𐑌 𐑄 𐑂𐐴𐐲𐑊𐐲𐐻 𐑊𐐴𐐻
𐐐𐐶𐐮𐑅𐐲𐑊𐐼, 𐐰𐑌𐐼 𐐺𐐨𐐻 𐑄𐐯𐑉 𐐶𐐮𐑍𐑆
𐐈𐑌𐐼 𐐿𐑉𐐫𐑊𐐼 𐐸𐐯𐐼 𐐼𐐵𐑌𐐶𐐲𐑉𐐼 𐐼𐐵𐑌 𐐪 𐐺𐑊𐐰𐐿𐐲𐑌𐐼 𐐶𐐫𐑊
𐐈𐑌𐐼 𐐲𐐹𐑅𐐴𐐼 𐐼𐐵𐑌 𐐮𐑌 𐐯𐑉 𐐶𐐲𐑉 𐐻𐐵𐐲𐑉𐑆
𐐓𐐬𐑊𐐮𐑍 𐑉𐐯𐑋𐐮𐑌𐐮𐑅𐐲𐑌𐐻 𐐺𐐯𐑊𐑆, 𐑄𐐰𐐻 𐐿𐐯𐐹𐐻 𐑄 𐐵𐐲𐑉𐑆
𐐈𐑌𐐼 𐑂𐐬𐐮𐑅𐐲𐑆 𐑅𐐮𐑍𐐮𐑍 𐐵𐐻 𐐲𐑂 𐐯𐑋𐐹𐐻𐐨 𐑅𐐮𐑅𐐻𐐲𐑉𐑌𐑆 𐐰𐑌𐐼
𐐮𐑀𐑆𐐫𐑅𐐻𐐲𐐼 𐐶𐐯𐑊𐑆.

𐐆𐑌 𐑄𐐮𐑅 𐐼𐐲𐐿𐐩𐐼 𐐸𐐬𐑊 𐐲𐑋𐐲𐑍 𐑄 𐑋𐐵𐑌𐐻𐐲𐑌𐑆
𐐆𐑌 𐑄 𐑁𐐩𐑌𐐻 𐑋𐐭𐑌𐑊𐐴𐐻, 𐑄 𐑀𐑉𐐰𐑅 𐐮𐑆 𐑅𐐮𐑍𐐮𐑍
𐐄𐑂𐐲𐑉 𐑄 𐐻𐐲𐑋𐐺𐑊𐐲𐐼 𐑀𐑉𐐩𐑂𐑆, 𐐲𐐺𐐵𐐻 𐑄 𐐽𐐰𐐹𐐲𐑊
𐐜𐐯𐑉 𐐮𐑆 𐑄 𐐯𐑋𐐹𐐻𐐨 𐐽𐐰𐐹𐐲𐑊, 𐐬𐑌𐑊𐐨 𐑄 𐐶𐐮𐑌𐐼'𐑆 𐐸𐐬𐑋.
𐐆𐐻 𐐸𐐰𐑆 𐑌𐐬 𐐶𐐮𐑌𐐼𐐬𐑆, 𐐰𐑌𐐼 𐑄 𐐼𐐫𐑉 𐑅𐐶𐐮𐑍𐑆,
𐐔𐑉𐐴 𐐺𐐬𐑌𐑆 𐐿𐐰𐑌 𐐸𐐪𐑉𐑋 𐑌𐐬 𐐶𐐲𐑌.
𐐄𐑌𐑊𐐨 𐐪 𐐿𐐱𐐿 𐑅𐐻𐐳𐐼 𐐱𐑌 𐑄 𐑉𐐭𐑁𐐻𐑉𐐨
𐐗𐐬 𐐿𐐬 𐑉𐐨𐐿𐐬 𐐿𐐬 𐐿𐐬 𐑉𐐨𐐿𐐬
𐐆𐑌 𐐪 𐑁𐑊𐐰𐑇 𐐲𐑂 𐑊𐐴𐐻𐑌𐐮𐑍. 𐐜𐐯𐑌 𐐪 𐐼𐐰𐑋𐐹 𐑀𐐲𐑅𐐻
𐐒𐑉𐐮𐑍𐐮𐑍 𐑉𐐩𐑌

𐐘𐐲𐑍𐑀𐐲 𐐶𐐲𐑆 𐑅𐐲𐑍𐐿𐐲𐑌, 𐐰𐑌𐐼 𐑄 𐑊𐐮𐑋𐐹 𐑊𐐨𐑂𐑆
𐐎𐐩𐐻𐐲𐐼 𐑁𐐫𐑉 𐑉𐐩𐑌, 𐐸𐐶𐐴𐑊 𐑄 𐐺𐑊𐐰𐐿 𐐿𐑊𐐵𐐼𐑆
𐐘𐐰𐑄𐐲𐑉𐐼 𐑁𐐪𐑉 𐐼𐐮𐑅𐐻𐐲𐑌𐐻, 𐐬𐑂𐐲𐑉 𐐐𐐮𐑋𐐲𐑂𐐲𐑌𐐻.
𐐜 𐐾𐐲𐑍𐑀𐐲𐑊 𐐿𐑉𐐵𐐽𐐻, 𐐸𐐲𐑋𐐹𐐻 𐐮𐑌 𐑅𐐴𐑊𐐲𐑌𐑅.
𐐜𐐯𐑌 𐑅𐐹𐐬𐐿 𐑄 𐑃𐐲𐑌𐐼𐐲𐑉
Da
Datta: 𐐸𐐶𐐲𐐻 𐐸𐐰𐑂 𐐶𐐨 𐑀𐐮𐑂𐐲𐑌?
𐐣𐐴 𐑁𐑉𐐯𐑌𐐼, 𐐺𐑊𐐲𐐼 𐑇𐐩𐐿𐐮𐑍 𐑋𐐴 𐐸𐐪𐑉𐐻
𐐜 𐐫𐑁𐐲𐑊 𐐼𐐯𐑉𐐮𐑍 𐐲𐑂 𐐪 𐑋𐐬𐑋𐐲𐑌𐐻'𐑅 𐑅𐐲𐑉𐐯𐑌𐐼𐐲𐑉
𐐐𐐶𐐮𐐽 𐐰𐑌 𐐩𐐾 𐐲𐑂 𐐹𐑉𐐭𐐼𐐲𐑌𐑅 𐐿𐐰𐑌 𐑌𐐯𐑂𐐲𐑉 𐑉𐐲𐐻𐑉𐐰𐐿𐐻
𐐒𐐴 𐑄𐐮𐑅, 𐐰𐑌𐐼 𐑄𐐮𐑅 𐐬𐑌𐑊𐐨, 𐐶𐐨 𐐸𐐰𐑂 𐐮𐑀𐑆𐐮𐑅𐐻𐐲𐐼
𐐐𐐶𐐮𐐽 𐐮𐑆 𐑌𐐱𐐻 𐐻𐐭 𐐺𐐨 𐑁𐐵𐑌𐐼 𐐮𐑌 𐐵𐑉 𐐬𐐺𐐮𐐽𐐭𐐯𐑉𐐨𐑆
𐐃𐑉 𐐮𐑌 𐑋𐐯𐑋𐐲𐑉𐐨𐑆 𐐼𐑉𐐩𐐹𐐻 𐐺𐐴 𐑄 𐐺𐐯𐑌𐐯𐑁𐐮𐑅𐐲𐑌𐐻 𐑅𐐹𐐴𐐼𐐲𐑉
𐐃𐑉 𐐲𐑌𐐼𐐲𐑉 𐑅𐐨𐑊𐑆 𐐺𐑉𐐬𐐿𐐲𐑌 𐐺𐐴 𐑄 𐑊𐐨𐑌 𐑅𐐲𐑊𐐮𐑅𐐮𐐻𐐲𐑉
𐐆𐑌 𐐵𐑉 𐐯𐑋𐐹𐐻𐐨 𐑉𐐭𐑋𐑆
Da
Dayadhvam: 𐐌 𐐸𐐰𐑂 𐐸𐐲𐑉𐐼 𐑄 𐐿𐐨

𐐓𐐲𐑉𐑌 𐐮𐑌 𐑄 𐐼𐐬𐑉 𐐶𐐲𐑌𐑅 𐐰𐑌𐐼 𐐻𐐲𐑉𐑌 𐐶𐐲𐑌𐑅 𐐄𐑌𐑊𐐨
𐐎𐐨 𐑃𐐮𐑍𐐿 𐐲𐑂 𐑄 𐐿𐐨, 𐐨𐐽 𐐮𐑌 𐐸𐐮𐑆 𐐹𐑉𐐮𐑆𐐲𐑌
𐐛𐐮𐑍𐐿𐐮𐑍 𐐲𐑂 𐑄 𐐿𐐨, 𐐨𐐽 𐐿𐐲𐑌𐑁𐐲𐑉𐑋𐑆 𐐲 𐐹𐑉𐐮𐑆𐐲𐑌
𐐄𐑌𐑊𐐨 𐐰𐐻 𐑌𐐴𐐻𐑁𐐫𐑊, 𐐮𐑃𐐮𐑉𐐨𐐲𐑊 𐑉𐐭𐑋𐐲𐑉𐑆
𐐡𐐲𐑂𐐴𐑂 𐑁𐐫𐑉 𐐲 𐑋𐐬𐑋𐐲𐑌𐐻 𐐲 𐐺𐑉𐐬𐐿𐐲𐑌 𐐗𐐫𐑉𐐨𐐬𐑊𐐩𐑌𐐲𐑅
Da
Damyata: 𐐜 𐐺𐐬𐐻 𐑉𐐲𐑅𐐹𐐱𐑌𐐼𐐲𐐼
𐐘𐐩𐑊𐐨, 𐐻𐐭 𐑄 𐐸𐐰𐑌𐐼 𐐯𐐿𐑅𐐹𐐲𐑉𐐻 𐐶𐐮𐑄 𐑅𐐩𐑊 𐐰𐑌𐐼 𐐫𐑉
𐐜 𐑅𐐨 𐐶𐐲𐑆 𐐿𐐪𐑊𐑋, 𐐷𐐬𐑉 𐐸𐐪𐑉𐐻 𐐶𐐳𐐼 𐐸𐐰𐑂 𐑉𐐲𐑅𐐹𐐱𐑌𐐼𐐲𐐼
𐐘𐐩𐑊𐐨, 𐐸𐐶𐐯𐑌 𐐮𐑌𐑂𐐴𐐻𐐲𐐼, 𐐺𐐨𐐻𐐮𐑍 𐐬𐐺𐐨𐐼𐐨𐐲𐑌𐐻
𐐓𐐭 𐐿𐐲𐑌𐐻𐑉𐐬𐑊𐐮𐑍 𐐸𐐰𐑌𐐼𐑆

        𐐌 𐑅𐐰𐐻 𐐲𐐹𐐱𐑌 𐑄 𐑇𐐬𐑉
𐐙𐐮𐑇𐐮𐑍, 𐐶𐐮𐑄 𐑄 𐐰𐑉𐐮𐐼 𐐹𐑊𐐩𐑌 𐐺𐐨𐐸𐐴𐑌𐐼 𐑋𐐨
𐐟𐐰𐑊 𐐌 𐐰𐐻 𐑊𐐨𐑅𐐻 𐑅𐐯𐐻 𐑋𐐴 𐑊𐐰𐑌𐐼𐑆 𐐮𐑌 𐐫𐑉𐐼𐐲𐑉?
𐐢𐐲𐑌𐐼𐐲𐑌 𐐒𐑉𐐮𐐾 𐐮𐑆 𐑁𐐫𐑊𐐮𐑍 𐐼𐐵𐑌 𐑁𐐫𐑊𐐮𐑍 𐐼𐐵𐑌 𐑁𐐫𐑊𐐮𐑍 𐐼𐐵𐑌
Poi s'ascose nel foco che gli affina
Quando fiam ceu chelidon—O 𐑅𐐶𐐱𐑊𐐬 𐑅𐐶𐐱𐑊𐐬
Le Prince d'Aquitaine à la tour abolie
𐐜𐐨𐑆 𐑁𐑉𐐰𐑀𐑋𐐲𐑌𐐻𐑅 𐐌 𐐸𐐰𐑂 𐑇𐐬𐑉𐐼 𐐲𐑀𐐯𐑌𐑅𐐻 𐑋𐐴 𐑉𐐭𐐮𐑌𐑆
𐐐𐐶𐐴 𐑄𐐯𐑌 𐐌𐑊 𐑁𐐮𐐻 𐐷𐐭. 𐐐𐐴𐑉𐐱𐑌𐐮𐑋𐐬'𐑆 𐑋𐐰𐐼 𐐲𐑀𐐩𐑌.
Datta. Dayadhvam. Damyata.
        Shantih   shantih   shantih

"Fourmillante cité, cité; pleine de rêves,
Où le spectre en plein jour raccroche le passant."

63. Cf. *Inferno*, iii. 55-7.

"si lunga tratta
di gente, ch'io non avrei mai creduto
che morte tanta n'avesse disfatta."

64. Cf. *Inferno*, iv. 25-7:

"Quivi, secondo che per ascoltare,
"non avea pianto, ma' che di sospiri,
"che l'aura eterna facevan tremare."

68. 𐐊 𐑁𐐮𐑌𐐱𐑋𐐮𐑌𐐱𐑌 𐐸𐐶𐐮𐐽 𐐌 𐐸𐐰𐑂 𐐫𐑁𐐮𐑌 𐑌𐐬𐐻𐐮𐑅𐐻.
74. Cf. 𐑄 𐐔𐐲𐑉𐐾 𐐮𐑌 𐐎𐐯𐐺𐑅𐐻𐐲𐑉'𐑆 *𐐐𐐶𐐴𐐻 𐐔𐐯𐑂𐐮𐑊*.
76. V. 𐐒𐐬𐐔𐐲𐑊𐐯𐑉, 𐐑𐑉𐐯𐑁𐐲𐑅 𐐻𐐭 *Fleurs du Mal*.

II. 𐐊 𐐘𐐩𐑋 𐐉𐑂 𐐕𐐯𐑅

77. Cf. *𐐈𐑌𐐻𐐲𐑌𐐨 𐐰𐑌𐐼 𐐗𐑊𐐨𐐬𐐹𐐰𐐻𐑉𐐲*, II. ii., 𐑊. 190.
92. 𐐢𐐰𐐿𐐶𐐨𐐪𐑉𐐨𐐲. V. *𐐀𐑌𐐨𐐮𐐼*, I. 726:

dependent lychni laquearibus aureis
incensi, et noctem flammis funalia vincunt.

98. 𐐝𐐮𐑊𐑂𐐲𐑌 𐑅𐐨𐑌. V. Milton, *𐐑𐐰𐑉𐐲𐐼𐐴𐑅 𐐢𐐫𐑅𐐻*, iv. 140.
99. V. 𐐄𐑂𐐮𐐼, *𐐣𐐯𐐻𐐲𐑋𐐫𐑉𐑁𐐲𐑅𐐨𐑆*, vi, 𐐙𐐮𐑊𐐲𐑋𐐨𐑊𐐲.
100. Cf. 𐐑𐐪𐑉𐐻 III, 𐑊. 204.
115. Cf. 𐐑𐐪𐑉𐐻 III, 𐑊. 195.
118. Cf. 𐐎𐐯𐐺𐑅𐐻𐐲𐑉: "𐐆𐑆 𐑄 𐐶𐐮𐑌𐐼 𐐮𐑌 𐑄𐐰𐐻 𐐼𐐫𐑉 𐑅𐐻𐐮𐑊?"
126. Cf. 𐐑𐐪𐑉𐐻 I, 𐑊. 37, 48.
138. Cf. 𐑄 𐑀𐐩𐑋 𐐱𐑂 𐐽𐐯𐑅 𐐮𐑌 𐐣𐐮𐐼𐐲𐑊𐐻𐐲𐑌'𐑆 *𐐎𐐮𐑋𐐲𐑌 𐐺𐐨𐐶𐐯𐑉 𐐎𐐮𐑋𐐲𐑌*.

III. 𐐜 𐐙𐐴𐐲𐑉 𐐝𐐲𐑉𐑋𐐲𐑌

176. V. 𐐝𐐹𐐯𐑌𐑅𐐲𐑉, *𐐑𐑉𐐬𐑃𐐲𐑊𐐩𐑋𐐨𐐲𐑌*.
192. Cf. *𐐜 𐐓𐐯𐑋𐐹𐐲𐑅𐐻*, I. ii.
196. Cf. 𐐣𐐪𐑉𐑂𐐲𐑊, *𐐓𐐭 𐐐𐐮𐑆 𐐗𐐦 𐐣𐐮𐑅𐐻𐑉𐐲𐑅*.
197. Cf. 𐐔𐐩, *𐐑𐐪𐑉𐑊𐐲𐑋𐐲𐑌𐐻 𐐲𐑂 𐐒𐐨𐑆*:

"Ꝑⲱᴧɥ ʀɞ ɣ ɞʀdʀɥ, ɭɪ8ʀɥɪʜ, ᴠɞ Ƀ-ɪɭ ꝑɪꝗ,
"Ꝋ ɥɵɪɞ ʀɞ ꝙɵꝙɥɞ ᴧɥd ꝙʀɥɪʜ, ꝙⲱɪᴄ Ƀ-ɪɭ ᴀꝙɪʜ
"-Ɪⲱɿɘʀɥ ɿⲱ Ɑꝙᴧɥʀ ɪɥ ɣ ɞɿꝙɪʜ,
"Ꝑⲱᴧꝗ ⲟɭ Ƀ-ɪɭ 8ɘ ꝙʀꝗ ɥⲉⲱʀd 8ⲱɪɥ..."

199. ꝙ dⲱ ɥɘɿ ɥⲟ ɣ ⲟꝙɪɕɪɥ ʀɞ ɣ ᴀᴧɪɭʀd ꝑꝙʀɔ ꝙⲱɪᴄ ɣɘɞ ɭꝙɥɞ ɘꝙ ɿⲉⲱʀɥ: ɿɿ ⲱʀɞ ꝙʀɿⲟꝙɿʀd ɿⲱ ɔɘ ꝑꝙʀɔ 8ɪdɥɘ, Ꝋɞɿꝙɘɭᴠʀ.
202. V. Ɓᴧꝙɭɛɥ, *Ɪɘꝙɞɪꝑɪɿ*.
210. Ɣ ⲱʀꝙʀɥ8 ⲱʀꝗ ⲱⲱɿꝑd ᴧɿɿ ɘ ɿꝙꝙɞ "ⲱᴧꝙʀɕ ᴧɥd ɪɥƀqꝙʀɥ8 ʀꝙɘ ɿⲱ ɭʀɥdʀɥ"; ᴧɥd ɣ Ꮂɪɭ ʀɞ ɭɛdɪɥ etc. ⲱʀꝗ ɿⲱ ᴀ ꝙɪᴧdʀd ɿⲱ ɣ ᴀꝙꝙ ʀɪⲟɥ ɿɘɔʀɥ ʀɞ ɣ ᴀᴧɿ dꝙɪꝑɿ.
218. Ɪꝙꝙɘ8ᴀɿ8, ⲟɭɣⲟ ɘ ɿꝙ ɞɿᴧⲱɿɘɭʀꝗ ᴧɥd ɥɘɿ ɪɥdɘd ɘ "ⲱᴧꝙʀⲱɭʀꝗ," ɪɞ ᴠᴧɿ ɣ ⲟⲟ8ɿ ɪɔɿⲟꝙɿʀɥ ɿʀꝙɞʀɥʀɕ ɪɥ ɣ ɿⲟʀɔ, ᴠⲟɥꝙɪʜ ⲟɭ ɣ ꝙᴧ8ɭ. Ꞡʀ8ɿ ɿɞ ɣ ⲱʀɥ-ꝙd ɔʀꝙᴄʀɥ, ᴀᴧɭʀꝗ ʀɞ ⲱʀꝙʀɥ8, ⲟᴧɭɪ8 ɪɥɿⲱ ɣ Ꝑʀɥɘƀʀɥ Ꮇɛɭʀꝗ, ᴧɥd ɣ ɭɿɭʀꝗ ɪɞ ɥɘɿ ꝙⲟɭɘ dɪ8ɪʜⲱɿ ʀꝙʀɔ Ꝑʀꝙdɪɥᴧd Ɪꝙɪɥɞ ʀɞ Ꭵɛɿʀɭɞ, 8ⲟ ⲟɭ ɣ ⲱɿɔʀɥ ɘꝗ ⲱʀɥ ⲱꝗᴄʀɥ, ᴧɥd ɣ ɿⲱ ᴀᴧⲱ8ʀɞ ⲟɘɿ ɪɥ Ɪꝙꝙɘ8ᴀɿ8. Ꝑⲱʀɿ Ɪꝙꝙɘ8ᴀɿ8 *8ɘɞ*, ɪɥ ʀɿⲱɿ, ɪɞ ɣ ɞʀᴀ8ɿʀɥ8 ʀɞ ɣ ɿⲟʀɔ. Ɣ ꝙⲟɭ ɿ-ɪ8ʀɕ ʀꝙʀɔ Ꝋɞɪd ɪɞ ʀɞ ⲱꝙɘɿ ᴧɪɭꝙɪʀɭɘɕɪⲱʀɭ ɪɥɿʀꝙʀɞɿ:

'...Cum Iunone iocos et maior vestra profecto est
Quam, quae contingit maribus,' dixisse, 'voluptas.'
Illa negat; placuit quae sit sententia docti
Quaerere Tiresiae: venus huic erat utraque nota.
5   Nam duo magnorum viridi coeuntia silva
Corpora serpentum baculi violaverat ictu
Deque viro factus, mirabile, femina septem
Egerat autumnos; octavo rursus eosdem
Vidit et 'est vestrae si tanta potentia plagae,'
10 Dixit 'ut auctoris sortem in contraria mutet,
Nunc quoque vos feriam!' percussis anguibus
        isdem
Forma prior rediit genetivaque venit imago.
Arbiter hic igitur sumptus de lite iocosa
Dicta Iovis firmat; gravius Saturnia iusto
15 Nec pro materia fertur doluisse suique
Iudicis aeterna damnavit lumina nocte,

At pater omnipotens (neque enim licet inrita cuiquam
Facta dei fecisse deo) pro lumine adempto
Scire futura dedit poenamque levavit honore.

221. 𐐜𐐮𐑅 𐑋𐐩 𐑌𐐱𐐻 𐐲𐐹𐐨𐑉 𐐰𐑆 𐐯𐑀𐑆𐐰𐐿𐐻 𐐰𐑆 𐐝𐐰𐑁𐐬𐑆 𐑊𐐴𐑌𐑆, 𐐺𐐲𐐻 𐐌 𐐸𐐰𐐼 𐐮𐑌 𐑋𐐴𐑌𐐼 𐑄 "𐑊𐐫𐑍𐑇𐐬𐑉" 𐐫𐑉 "𐐼𐐬𐑉𐐨" 𐑁𐐮𐑇𐐲𐑉𐑋𐐲𐑌, 𐐸𐐭 𐑉𐐮𐐻𐐲𐑉𐑌𐑆 𐐰𐐻 𐑌𐐴𐐻𐑁𐐫𐑊.

253. V. 𐐘𐐬𐑊𐐼𐑅𐑋𐐮𐑃, 𑄄 𐑅𐐫𐑍 𐐮𐑌 *𐐜 𐐚𐐮𐐿𐐲𐑉 𐐲𐑂 𐐎𐐩𐐿𐑁𐐨𐑊𐐼*.

257. V. *𐐜 𐐓𐐯𐑋𐐹𐐯𐑅𐐻*, 𐐰𐑆 𐐲𐐺𐐲𐑂.

264. 𐐜 𐐮𐑌𐐻𐐨𐑉𐐨𐐲𐑉 𐐲𐑂 𐐝𐐻. 𐐣𐐰𐑀𐑌𐐲𐑅 𐐣𐐪𐑉𐐻𐐲𐑉 𐐮𐑆 𐐻𐐭 𐑋𐐴 𐑋𐐴𐑌𐐼 𐐶𐐲𐑌 𐐲𐑂 𐑄 𐑁𐐴𐑌𐐲𐑅𐐻 𐐲𐑋𐐲𐑍 𐐡𐐯𐑌𐑆 𐐮𐑌𐐻𐐨𐑉𐐨𐐲𐑉𐑆. 𐐝𐐨 *𐐜 𐐑𐑉𐐲𐐹𐐬𐑆𐐼 𐐔𐐯𐑋𐐲𐑊𐐮𐑇𐐲𐑌 𐐲𐑂 𐐤𐐴𐑌𐐻𐐨𐑌 𐐝𐐮𐐻𐐨 𐐕𐐲𐑉𐐽𐐲𐑆* (𐐑. 𐐝. 𐐗𐐮𐑍 & 𐐝𐐲𐑌, 𐐢𐐻𐐼.).

266. 𐐜 𐐝𐐫𐑍 𐐲𐑂 𐑄 (𐑃𐑉𐐨) 𐐓𐐯𐑋𐑆-𐐼𐐫𐐻𐐲𐑉𐑆 𐐺𐐨𐑀𐐮𐑌𐑆 𐐸𐐨𐑉. 𐐙𐑉𐐲𐑋 𐑊𐐴𐑌 𐐻𐐭 306 𐐮𐑌𐐿𐑊𐐭𐑅𐐮𐑂 𐑄𐐩 𐑅𐐹𐐨𐐿 𐐮𐑌 𐐻𐐲𐑉𐑌. V. *Götterdämmerung*, III. i: 𐑄 𐐡𐐴𐑌-𐐼𐐫𐐻𐐲𐑉𐑆.

279. V. 𐐙𐑉𐐭𐐼, *𐐇𐑊𐐮𐑆𐐲𐐺𐐯𐑃*, 𐐚𐐱𐑊. I, c. iv, 𐑊𐐯𐐻𐐲𐑉 𐐲𐑂 𐐔𐐲 𐐗𐐶𐐪𐐼𐑉𐐲 𐐻𐐭 𐐙𐐮𐑊𐐮𐐹 𐐲𐑂 𐐝𐐹𐐩𐑌:

"𐐆𐑌 𐑄 𐐪𐑁𐐻𐐲𐑉𐑌𐐭𐑌 𐐶𐐨 𐐶𐐲𐑉 𐐮𐑌 𐐲 𐐺𐐪𐑉𐐾, 𐐶𐐱𐐽𐐮𐑍 𐑄 𐑀𐐩𐑋𐑆 𐐱𐑌 𐑄 𐑉𐐮𐑂𐐲𐑉. (𐐜 𐐿𐐶𐐨𐑌) 𐐶𐐲𐑆 𐐲𐑊𐐬𐑌 𐐶𐐮𐑄 𐐢𐐫𐑉𐐼 𐐡𐐱𐐺𐐲𐑉𐐻 𐐰𐑌𐐼 𐑋𐐴𐑅𐐯𐑊𐑁 𐐱𐑌 𐑄 𐐹𐐭𐐹, 𐐸𐐶𐐯𐑌 𐑄𐐩 𐐺𐐨𐑀𐐰𐑌 𐐻𐐭 𐐻𐐫𐐿 𐑌𐐱𐑌𐑅𐐯𐑌𐑅, 𐐰𐑌𐐼 𐐶𐐯𐑌𐐻 𐑅𐐬 𐑁𐐪𐑉 𐑄𐐰𐐻 𐐢𐐫𐑉𐐼 𐐡𐐱𐐺𐐲𐑉𐐻 𐐰𐐻 𐑊𐐰𐑅𐐻 𐑅𐐯𐐼, 𐐰𐑆 𐐌 𐐶𐐲𐑆 𐐱𐑌 𐑄 𐑅𐐹𐐱𐐻 𐑄𐐯𐑉 𐐶𐐲𐑆 𐑌𐐬 𐑉𐐨𐑆𐐲𐑌 𐐸𐐶𐐴 𐑄𐐩 𐑇𐐳𐐼 𐑌𐐱𐐻 𐐺𐐨 𐑋𐐰𐑉𐐨𐐼 𐐮𐑁 𐑄 𐐿𐐶𐐨𐑌 𐐹𐑊𐐨𐑆𐐼."

293. Cf. *Purgatorio*, v. 133:

"Ricorditi di me, che son la Pia;
Siena mi fe', disfecemi Maremma."

307. V. 𐐝𐐻. 𐐉𐑀𐐲𐑅𐐻𐐨𐑌𐑆 *𐐗𐐲𐑌𐑁𐐯𐑇𐐲𐑌𐑆*: "𐐻𐐭 𐐗𐐪𐑉𐑃𐐮𐐾 𐑄𐐯𐑌 𐐌 𐐿𐐩𐑋, 𐐸𐐶𐐯𐑉 𐐲 𐐿𐐫𐑊𐐼𐑉𐐲𐑌 𐐲𐑂 𐐲𐑌𐐸𐐬𐑊𐐨 𐑊𐐲𐑂𐑆 𐑅𐐰𐑍 𐐫𐑊 𐐲𐐺𐐵𐐻 𐑋𐐴𐑌 𐐨𐑉𐑆."

308. 𐐜 𐐿𐐲𐑋𐐹𐑊𐐨𐐻 𐐻𐐯𐐿𐑅𐐻 𐐲𐑂 𐑄 𐐒𐐭𐐼𐐲𐑆 𐐙𐐴𐑉 𐐝𐐲𐑉𐑋𐐲𐑌 (𐐸𐐶𐐮𐐽 𐐿𐐫𐑉𐐲𐑅𐐹𐐱𐑌𐐼𐑆 𐐮𐑌 𐐮𐑋𐐹𐐫𐑉𐐻𐐲𐑌𐑅 𐐻𐐭 𑄄 𐐝𐐲𐑉𐑋𐐲𐑌 𐐱𐑌 𐑄 𐐣𐐵𐑌𐐻) 𐑁𐑉𐐲𐑋 𐐸𐐶𐐮𐐽 𐑄𐐨𐑆 𐐶𐐲𐑉𐐼𐑆 𐐪𐑉 𐐻𐐩𐐿𐐲𐑌, 𐐶𐐮𐑊 𐐺𐐨 𐑁𐐵𐑌𐐼 𐐻𐑉𐐰𐑌𐑆𐑊𐐩𐐻𐐲𐐼 𐐮𐑌 𐑄 𐑊𐐩𐐻 𐐐𐐯𐑌𐑉𐐨 𐐗𐑊𐐪𐑉𐐿 𐐎𐐱𐑉𐐲𐑌𐑆 *𐐒𐐭𐐼𐐮𐑆𐐲𐑋 𐐮𐑌 𐐓𐑉𐐰𐑌𐑆𐑊𐐩𐑇𐐲𐑌* (𐐐𐐪𐑉𐑂𐐲𐑉𐐼 𐐄𐑉𐐨𐐯𐑌𐐻𐐲𐑊 𐐝𐐨𐑉𐐨𐑆). 𐐣𐐮𐑅𐐻𐐲𐑉 𐐎𐐱𐑉𐐲𐑌 𐐶𐐲𐑆 𐐶𐐲𐑌 𐐲𐑂 𑄄 𐑀𐑉𐐩𐐻 𐐹𐐴𐐲𐑌𐐨𐑉𐑆 𐐲𐑂 𐐒𐐭𐐼𐐮𐑅𐐻 𐑅𐐻𐐲𐐼𐐨𐑆 𐐮𐑌 𐑄 𐐉𐐿𐑅𐐮𐐼𐐯𐑌𐐻.

309. ...

V. ...

357. ... *Turdus aonalaschkae pallasii*, ...

360. ...

366–76. Cf. ..., *Blick ins Chaos*:

> "Schon ist halb Europa, schon ist zumindest der halbe Osten Europas auf dem Wege zum Chaos, fährt betrunken im heiligem Wahn am Abgrund entlang und singt dazu, singt betrunken und hymnisch wie Dmitri Karamasoff sang. Ueber diese Lieder lacht der Bürger beleidigt, der Heilige und Seher hört sie mit Tränen."

401. "Datta, dayadhvam, damyata" (..., ..., ...). ... *Brihadaranyaka—Upanishad*, 5, 1. ... *Sechzig Upanishads des Veda*, p. 489.

407. Cf. ..., ..., v. vi:

> "...ye'l ..."

411. Cf. *Inferno*, xxxiii. 46:

"ed io sentii chiavar l'uscio di sotto
all'orribile torre."

427. V. *Purgatorio*, xxvi. 148.

" 'Ara vos prec per aquella valor
'que vos guida al som de l'escalina,
'sovegna vos a temps de ma dolor.'
Poi s'ascose nel foco che gli affina."

428. V. *Pervigilium Veneris*. Cf.
429. V.
431. V.
433. Shantih.

Made in the USA
Monee, IL
03 March 2025

13324345R00037